KB242367

XRP ARMY
돈의 엔드게임 마스터 코드 33

XRP ARMY

이상호(합정대형) 지음

돈의 엔드게임
마스터코드  33

XRP로 완성하는
실전 투자 마스터 클래스!

XRP ARMY : MASTER CODE 33
FOR THE FINAL GAME OF MONEY

가디언

목차

Chapter 3

ACTION:
강세장·폭락장·조정장 실전 대응 전술

투자의 파도 속에서
길을 잃지 않으려면

"사람들이 엄청 벌었다고 해서 투자했는데, 몇 년간 아껴가며 모은 돈을 전부 잃었습니다. 마음이 너무 쓰리네요. 저는 투자에 소질이 없나 봅니다. 이제 다시는 투자하지 않으려고 합니다."

아마 수많은 투자자들이 이 말에 고개를 끄덕일 것이다. 수익보다는 뼈아픈 손실을 경험하고, 깊은 상처를 얻은 채 시장을 떠난다. 투자를 소수의 타고난 재능이나 운의 영역으로 치부하며, 다시는 돌아보려 하지 않는다.

그러나 투자의 실패는 소질이나 능력의 문제가 아니다. 성공으로 가는 길은 감정과 투기가 아니라 분석과 원칙에서 시작된다. 문제는 많은 사람들이 투자의 기초부터 심화까지 쉽고 흥미롭게 알려주는 '친절한 가이드'를 만나지 못했다는 데 있다. 어려운 용어와 복잡한 차트 속에서 길을 잃었을 뿐이다. 그래서 나는 남녀노소를 막론하고 투자에 문외한인 누구라도 원칙을 깨닫고 스스로 판단할 수 있도록 돕는 가장 쉬운 안내서를 쓰려 한다.

우리가 일상에서 쉽게 만나는 사례와 사람 이야기를 통해 투자, 가상화폐, 그리고 미래 금융의 핵심 인프라인 XRP의 원리를 쉽고 재미있게 풀어보자. 가벼운 마음으로 읽기 시작해도 좋다. 어느 순간 흥미가 붙고, 내용이 자연스럽게 머릿속에 자리 잡게 될 것이다. 이 책이 제시하는 명쾌한 흐름을 따라가다 보면 투자가 무엇인지, 그리고 어떻게 성공 확률을 높일 수 있는지 분명하게 이해하게 될 것이다.

투자의 진짜 승부는 단기적인 수익에서 끝나지 않는다. 결국 중요한 것은 한순간의 수익이 아니라, 끝까지 살아남아 자신의 부를 완성하는 '돈의 엔드 게임'을 이해하는 일이다.

시장은 언제나 인간의 감정을 시험하고, 원칙 없는 자를 가장 먼저 무너뜨린다. 이 책은 미래의 부를 읽는 시선과 함께 어떠한 유혹과 폭락 속에서도 흔들리지 않고 살아남을 수 있는 뼈대(Framework)와 시장 상황별 실전 대응 기준을 담았다.

결국 부를 만드는 사람은 단기적인 수익에 연연하는 사람이 아니라, 시장의 파도 속에서도 투자의 원칙을 지키며 스스로 판단하는 힘을 기르는 사람이다.

이 책이 나오기까지 많은 분들의 도움이 있었다. 먼저, 《리플 빅뱅》의 저자이자 유튜브 '타임 레버리지' 운영자인 문창훈 작가는 투자의 멘탈과 원칙을 지켜주었을 뿐만 아니라 이 책을 쓸 수 있는 용기를 주었다. 유튜버 어슴새벽님의 깊은 통찰력도 큰 도움이 되었다. 깊은 감사를 드린다. 그리고 초보 작가의 어수선한 글을 말끔하게 정리해 멋진 디자인으로 책을 만들어주신 출판사 가디언 여러분께도 감사의 말씀을 덧붙인다.

2026년 3월 이상호(합정대형)

눈 앞에 부를
움켜쥘 기회가 있다

시대는 바뀌어도 95%의 사람들은 성장하지 못한 채, 늘 같은 궤도 안에서만 인생을 반복한다. A와 B의 끝나지 않는 뫼비우스 대화 1970년 → 2016년 → 2026년.

1970년 강남, 허허벌판 위에서 갈라진 두 사람

A: 평생 돈 쓰면서 놀고 싶다고? 여유되면 무조건 강남 땅 사. 정 안 되면 막걸리 대신 수돗물 마시고 한 평이라도!

B: 거기 풀이랑 바람이랑 개만 살잖아. 사려면 이미 가치 증명된 명동이나 종로지. 나중에 강남 지역 가격 오르는 거 보면 그

때 살게.

A: 증명되면 가격이 비싼데 그때 사면 무슨 의미가 있냐? 오를 걸 알고 쌀 때 사야지. 증명되면 부자들 다 먹고 난 뒤 뼈다귀만 남는다니까. 쌀 때 사는 게 투자야.

B: 거기 가려면 강도 건너야 되고 일자리도 없고 허허 벌판이잖아. 촌동네에 투자했다 인생 망칠 일 있냐?

A: 정부가 개발 계획 발표한 거 몰라? 명문 학교 이전 논의 계속되고 있고, 교통망도 뚫렸어. 미래의 강남에는 최고 부자들만 살게 될거야.

B: (폭소) 미쳤냐? 소 키우는 동네에서 무슨 부자들이 살어? 너나 많이 사라~.

결과는? 1970년대 초 강남 지역에 당시 100만 원(현재 가치로 약 1억 원)을 투자한 A는 현재 수십 억 원대의 자산가가 되어 있을 것이다.

2016년 비트코인, 새로운 자산을 이해하는 속도의 차이

A: 평생 돈 쓰면서 놀고 싶다고? 무조건 비트코인 사. 정 안 되면 커피 안 마시고 5천 원으로 쪼개서라도!

B: 실체도 없는 게 70만 원이나 하는데 무슨? 비트코인은 사기
란다. 사려면 지금 값비싼 강남 땅을 사야지. 나중에 비트코
인 가격 오르는 거 보고 그때 살게.

A: 증명되면 가격이 비싼데 그때 사면 무슨 의미가 있냐? 오를
걸 알고 쌀 때 사야지.

B: 내가 알아보니까 비트코인 폭락해서 투자자들 멘탈이 소금
처럼 녹았다더라. 실체도 없는 거 투자했다 인생 망칠 일 있냐?

A: 비트코인은 디지털 화폐를 넘어서 전 세계 금융 인프라의 근
본 자산이 될 거야. 유동성, 신뢰 다 갖춘 대장 코인으로 커
질 거고. 그래서 비트코인이 1억 가는 건 시간문제야.

B: (폭소) 미쳤냐? 비트코인이 1억 넘으면 내가 은행 ATM 기계
볼 때마다 절하고 다닌다. 너나 많이 사라~.

결과는? 2016년 비트코인 평균 가격은 대략 77만 원이었고,
2026년 1월 비트코인 가격은 대략 1억 4,000만 원. 9
년 만에 183배가 올랐다. 1천만 원 투자했던 A의 자산
은 현재 18억 원을 넘나들고 있다.

2026년 XRP, 인프라를 보는 눈의 차이

A: 평생 돈에서 자유롭고 싶다고? 그럼 무조건 XRP를 사. 담배 끊고 1만 원씩이라도!

B: 호재가 계속 나오면 뭐하냐? 가격이 안 오르는데. XRP는 수면제 먹은 코인이야. 사려면 지금 비트코인을 사야지. 나중에 XRP 가격 오르는 거 보고 증명되면 좀 살게.

A: 증명되면 가격이 비싼데 그때 사면 무슨 의미가 있냐? 오를 걸 알고 쌀 때 사야지. 가치는 항상 즉시 가격에 반영되지 않아. 좋은 자산은 응축한 시간이 클수록, 구조가 완성될수록 재평가되는 순간이 올 거야.

B: 내가 알아보니까 더 좋은 전송 속도를 가진 코인도 있고 그냥 계속 올랐던 비트코인이나 사려고. 잠수 전문 코인 투자했다 인생 망칠 일 있냐?

A: 부동산에서 도로와 철도 가치가 핵심이었듯, 금융에서도 글로벌 결제 인프라의 가치는 시간이 갈수록 중요해질 거야. XRP는 "디지털 금융의 도로·교량·철도" 역할을 목표로 설계된 코인이야. 강남 테헤란로에 기업, 자본, 사람이 몰리면서 가격이 폭발했듯 XRP는 국가간 결제를 목표로 여러 금융기관과 파트너십, 각 국의 CBDC 협력, ETF 승인으로 제도권 진입 등 '국제 금융 인프라 연결'의 핵심으로 성장하고 있어.

2035년에는 최소 100달러에 도달해 XRP로 경제적 자유를 얻는 사람들이 엄청 많아질 거야.

B: (폭소) 미쳤냐? 2035년까지 XRP가 100달러 넘으면 내가 너한 테 출근길마다 절 올릴게. 너나 많이 사라~.

왜 우리는 항상 눈앞의 부를 놓치는가?

역사는 반복된다. 대상만 바뀔 뿐. A(선구자)와 B(방관자)의 대화 는 1970년에도, 2016년에도, 그리고 지금 이 순간에도 되풀이되 고 있다. 도대체 왜 대다수의 사람들은 B의 삶을 반복하며 후회 하는 걸까?

첫째, '가치(Value)'가 아닌 '가격(Price)'만 보기 때문이다.

개미들은 숲을 보지 못하고 나무만 본다. 자산이 가진 본질적 가치와 미래의 효용성을 공부하기보다, 눈앞에 찍힌 가격과 군 중의 환호에 반응한다. 그래서 쌀 때는 "증명되지 않았다"며 비웃고, 비쌀 때는 "더 오를 것 같다"며 추격 매수한다. 이것이 바로 개미지옥의 입구다.

필자는 이 책의 시작인 '챕터 1'에서, 흙 속에 묻힌 진주를 찾아내는 '미래의 우량 자산(XRP를 포함한 우량 알트코인)을 선별하는 8가지 필터'를 제시할 것이다. 이 필터를 장착한다면, 당신은 더 이상 "누가 좋다더라" 하는 소문에 휩쓸려 소중한 자산을 허공에 날리는 일은 없을 것이다.

둘째, 강세장의 끝자락에 입장해 '수익'을 탐하다 '생존'을 잊기 때문이다.
역사적으로 개인 투자자는 약세장이 아니라 강세장에서 가장 많은 돈을 잃었다. 공포가 아니라 탐욕이 계좌를 무너뜨린다. 즉, '도축'이 시작되기 직전에 시장에 뛰어든 것이다.

주식 시장의 도축 역사		
시대	대중의 구호	결과
1920년대		1929년 대공황(대폭락) 
1990년대		2000년 닷컴 붕괴 
2020년대		2022년 하락장 

크립토 시장의 도축 역사			
사이클	상승 구간	폭락	결과
2017년	$20,000 $400	$3,200 (-84%)	선구자 **40배** vs 추격자 **-84%**
2021년	$69,000 $3,800	$15,000 (-77%)	초기 투자자 **수익** vs 고점 진입 **손실**

돈을 벌기 전에 먼저 배워야 하는 것은 '돈을 잃지 않는 방법'이다. 벤저민 그레이엄, 워런 버핏, 하워드 막스. 심지어 버핏과 정반대 스타일인 단기 투자의 귀재 조지 소로스까지. 전설적인 투자 대가들이 입을 모아 외치는 제1원칙은 수익이 아니라 '방어(Defense)'다.

"아마추어는 '얼마를 벌까'를 꿈꾸며 행복회로를 돌리지만, 프로는 '얼마를 잃을까'를 먼저 걱정하며 탈출구를 만든다."

필자는 이어지는 '챕터 2'의 첫 번째 파트에서, 탐욕의 강세장 속에서도 당신의 계좌를 지켜낼 '5가지 생존 뼈대(방어 기술)'를 가장 먼저 제시할 것이다. 이 방패가 있어야만 당신은 시장이라는 전쟁터에서 살아남아 전리품을 챙길 수 있다.

셋째, '시장(Market)'이라는 거대한 흐름을 읽지 못하기 때문이다.

아무리 좋은 자산을 골랐고 방어 기술을 갖췄다 해도, 시장이 절벽을 향해 달리고 있다면 결국 추락한다. 많은 투자자가 실패하는 이유는 시장의 흐름과 역사를 보지 못하는 '까막눈'이기 때문이다. 그래서 나는 챕터 2의 두 번째 파트에서 '8가지 통찰법'를 제시한다. 이것을 장착하면 보이지 않던 거대한 적의 움직임이 비로소 보이기 시작할 것이다. 이 통찰이 없는 개미들의 삶은 다음과 같이 비참한 무한 루프를 반복한다.

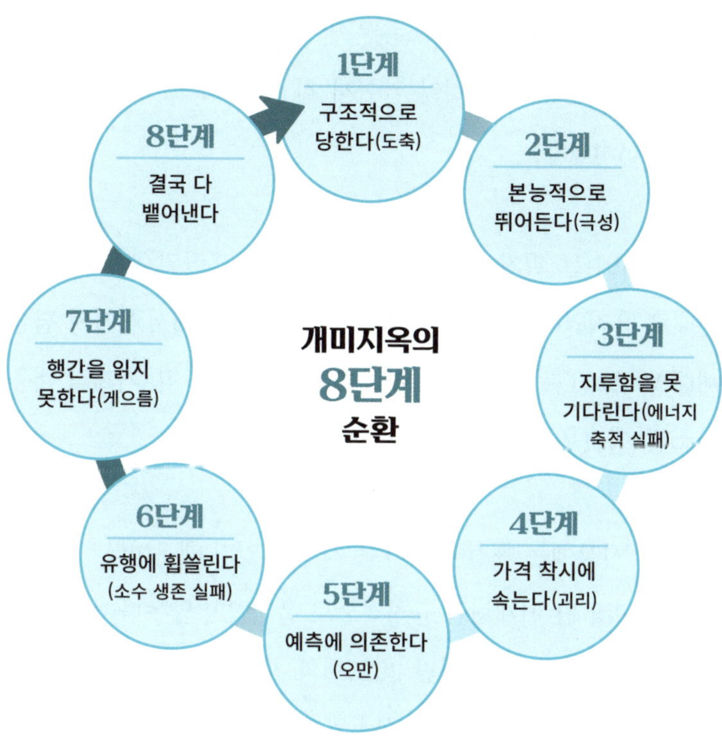

이 굴레를 끊지 못하면 평생 양털만 깎인다.

넷째, 머리로는 알지만 몸에 새겨진 '실전 매뉴얼'이 없기 때문이다.

"공포에 사서 환희에 팔라." 모두가 아는 말이다. 그러나 계좌가 파랗게 질리면 손은 매도 버튼으로 향한다. 왜일까? 몸에 각인된 시스템이 없기 때문이다. 실전은 리허설이 없다. 생각보다 먼저 몸이 반응해야 한다. 이소룡은 말했다.

"나는 치지 않는다. 그것이 알아서 칠 뿐이다." (I do not hit. It hits all by itself.)

진정한 고수는 위기에서 고민하지 않는다. 훈련된 본능이 시스템대로 움직인다. 그래서 챕터 2의 마지막 파트에서 '9가지 필승 뼈대(Method)'를 제시한다. 분할 매수, 리스크 관리, 기계적 대응 시스템. 이것은 예측이 아니라 대응의 영역이다.

다섯째, '시장에는 계절이 있다'는 사실을 잊기 때문이다.
시장은 고장 난 시계처럼 규칙적으로 움직이지 않는다. 우리는 4년 반감기 이론을 믿었지만 2025년의 시장은 예상을 빗나갔다. 반대로 알트코인 시즌은 없던 2021년 이더리움은 20배 폭등했다. 시장은 살아 있는 생물이다. 고수는 예측이 빗나간다고 불평하지 않는다. 계절에 맞게 옷을 갈아입을 뿐이다.

우리가 마주할 3가지 시장	
강세장(Bull)	환호 속에서도 냉정을 유지하는 시간
폭락장(Crash)	공포 속에서 기회를 찾는 시간
조정장(Quiet)	아무도 보지 않을 때 씨앗을 뿌리는 시간

챕터 3에서는 이 3가지 시장 상황에 맞게 당신이 꺼내 들어야 할

실전 무기(Action)를 제시할 것이다.

"33: The Master Code"

수비학에서 숫자 33은 인류를 깨우치는 '마스터 티처(최고의 스승)'를 뜻한다. 이는 당신의 부를 완성할 '마스터 코드'다.

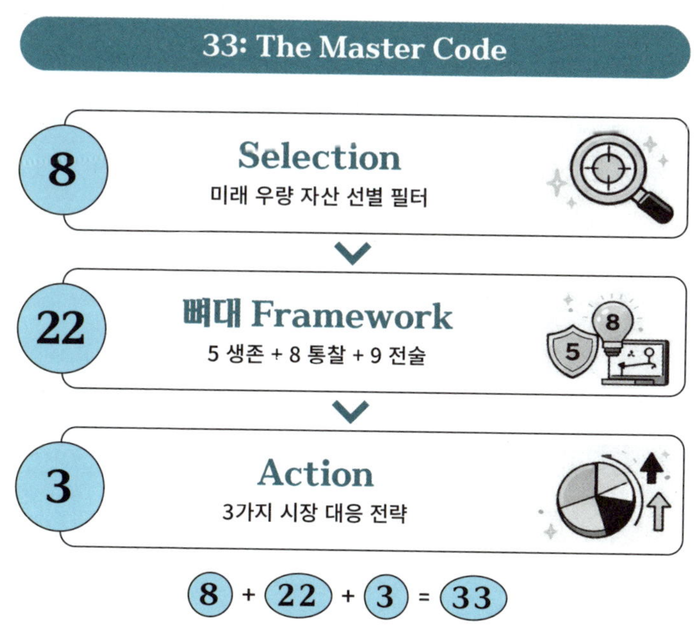

33은 완성 구조다. 8가지 필터로 미래의 우량 자산을 선별하고 (Selection), 22가지로 무너지지 않는 뼈대(Framework)를 세우고, 3가지 상황별 전략으로 시장을 유연하게 지배할 때 당신은

시장에 휘둘리는 개미가 아니라 시장을 지배하는 투자자로 전환된다. 지금 순자산이 얼마인지는 중요하지 않다. 중요한 것은 시스템이다. 100만 원이 1천만 원이 되고, 1천만 원이 1억 원이 되는 과정은 행운이 아니라 구조의 결과다.

밤이 깊으면 새벽이 가까워진 것이다. 이것은 믿음이 아니라 역사다. 나는 자본 시장과 우량 자산이 장기적으로 우상향한다는 사실을 믿는 것을 넘어 '안다'. 그리고 XRP와 우량 알트코인이 인내하는 투자자에게 기회를 줄 수 있다는 가능성 또한 구조 속에서 이해하고 있다.

이제 당신의 차례다.
막연한 믿음에서 멈추지 말고, 명확한 구조 위에서 움직여라.
지금, 그 여정을 시작하자.

부의 피라미드 설계도(Novus Ordo Seclorum)

"MMXXVI(2026), 새로운 부의 질서가 시작된다."

VIII(8)	
Selection (선별의 눈)	보이지 않는 가치를 꿰뚫어 보고(Insight), 그것을 현실의 거대한 부(Money)로 치환하는 '연금술'의 숫자다.

XXII(22)	
Framework (구조의 뼈대)	이상을 현실로 건설하는 '마스터 빌더'의 숫자다. 거대한 비전을 땅 위에 단단한 구조물로 축조해내는 강력한 실행력과 완성을 의미한다.

III(3)	
Action (국면 대응 전략)	불안정한 대립을 넘어 균형을 찾는 '창조'의 숫자다. 정(正)과 반(反)의 충돌을 해결하고 최적의 합(合)으로 나아가는 유연함을 뜻한다.

33	
Completion (완성)	인류를 깨우치는 '마스터 티처'의 숫자다. 기술적 투자를 넘어, 부와 지혜를 겸비하고 타인에게 선한 영향력을 끼치는 '완성된 자아(Guru)'의 경지를 뜻한다.

SELECTION
: 우량 자산을 선별하는 8가지 필터

01

기회를 놓치고 후회하는
99% 개미들

99%의 개미 vs 0.9%의 선구자

"투자는 대중에게 인기가 없거나 대중의 무관심 속에 방치된 종목을 찾는 것이다." _벤저민 그레이엄

"현명한 사람은 '일찍' 행동하고, 어리석은 사람은 '나중에' 행동한다." _워런 버핏

투자의 본질은 이미 비싸진 곳으로 따라가는 것이 아니라, 공부해 아직 싸게 평가된 곳을 먼저 찾아가는 데 있다. 우리는 대중에게 외면받는 가치를 알아보는 통찰력 있는 소수가 되어야 한

다. 유튜브 누적 조회수 130만 회를 기록한 시골의사 박경철의 레전드 영상 〈내 인생의 W를 찾아라〉는 시대 변화를 읽는 통찰이 얼마나 중요한지를 잘 보여준다.

박경철 원장은 1993년 WWW(World Wide Web)에 대한 강연을 들었다. 그러나 당시 99%의 사람들처럼, 그도 WWW의 가치를 확신하지 못했다. 반면, 동행했던 한 친구(경영학 석사)만은 달랐다. 그는 WWW라는 흐름을 '정보'가 아닌 '시대 전환'으로 읽었고, 그 물결 위에 올라타 성공을 거두었다. 박 원장은 뒤늦게 그 의미를 깨닫고, 통찰의 중요성을 강조하게 된다.

결국 투자의 성공은 0.1%의 창의적 소수(W)가 만들어낸 가치를 0.9%의 통찰력 있는 사람이 먼저 알아보는 데서 시작된다. 나머지 99%는 그 가치를 비웃거나 무시하다가, 이미 기회가 끝난 뒤에야 뒤늦게 뛰어드는 '기회를 놓친 다수'가 된다. 우리는 이 99%의 대열에 남아 훗날 후회할 것인가, 아니면 다음 시대의 W를 선점하는 0.9%에 합류할 것인가? 결정은 지금 이 순간에 내려진다.

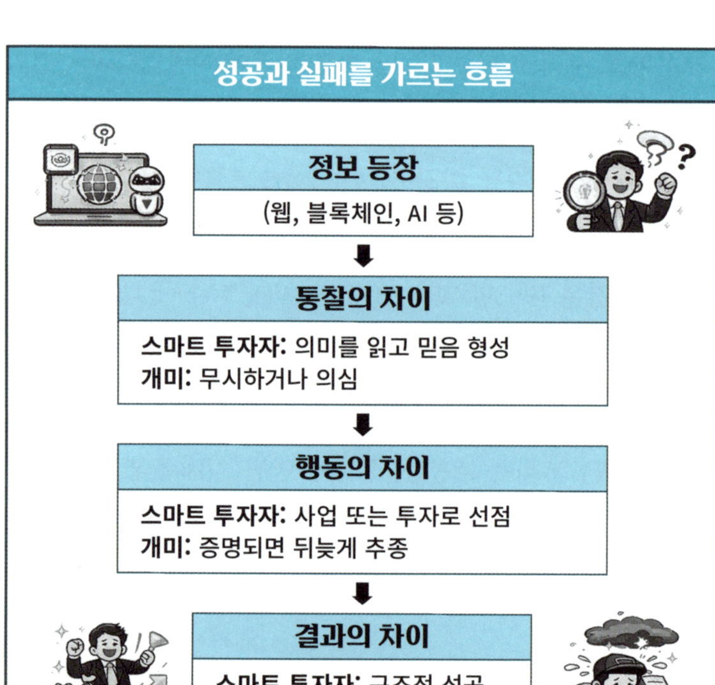

정보는 모두에게 열려 있다. 그러나 통찰은 소수만이 가진다. 투자의 격차는 정보가 아니라 해석과 행동의 속도에서 발생한다.

인프라에 투자하라: 산업혁명의 교훈

그렇다. 투자는 가격이 아니라 가치와 구조를 보는 능력이다. 가격이 올라 대중이 몰려갈 때 뒤따라 환호하는 개미가 되어서는 안 된다. 미래에 어떤 세상이 올지 읽고, 무엇에 투자해야 할지를 먼저 판단하는 스마트 투자자가 되어야 한다.

그 변화의 중심을 지탱하는 핵심 인프라에 선제적으로 투자하는 것이다. 참고로 인프라는 우리 삶을 편리하고 효율적으로 유지해주는 '기본'이자 '밑바탕 시설'을 뜻한다. 인프라가 없다면 우리는 출근도, 물건 구매도, 통화도 제대로 할 수 없다. 가능하다 해도 엄청난 시간과 비용이 든다. 인프라는 보이지 않지만 세상을 움직이는 토대다.

인프라는 세상을 어떻게 변화시켜 왔는가?

1차 산업혁명(증기 기관 기반)
철도와 증기선이 전국과 세계를 잇는 물류 인프라가 되었다. 공장에서 만든 제품을 빠르게 실어 나르며 인류는 비로소 공간의 제약에서 벗어나기 시작했다.

2차 산업혁명(전기와 대량 생산 기반)
전력망과 도로망은 도시와 공장에 안정적인 에너지를 공급했고, 대량 생산된 자동차가 움직일 수 있는 산업 생산의 기반이 되었다. 에너지 인프라가 대중 소비 시대를 열었다.

3차 산업혁명(컴퓨터와 인터넷 기반)

인터넷(WWW)은 전 세계의 컴퓨터와 사람을 연결하는 디지털 인프라가 되었다. 정보에 즉시 접근할 수 있는 환경이 만들어지면서, 정보 이동의 혁명이 일어났다.

요약하면,

1차 산업혁명 시대에는 물류 인프라(철도·증기선)에, 2차 산업혁명 시대에는 에너지 인프라(전력망·석유 기반 시설)에, 3차 산업혁명 시대에는 정보 인프라(인터넷·반도체)에 투자했던 사람들이 당대 최고의 부와 성공을 거두었다.

역사는 언제나 같은 질문을 던진다. 변화를 읽고 인프라에 투자할 것인가, 아니면 가격이 오른 뒤 뒤늦게 따라갈 것인가? 이제 4차 산업혁명 시대, 그 선택의 순간이 다시 우리 앞에 와 있다. 보이지 않지만 세상을 움직이는 새로운 인프라가 형성되고 있다.

이제 독자 여러분의 차례다. 4차 산업혁명 시대의 핵심 인프라를 읽고 선점함으로써, 새로운 부와 성공을 만들어갈 시간이다.

   Chapter 1 SELECTION: 우량 자산을 선별하는 8가지 필터

02

거대한 미래의 부: 블록체인 위의 두 기둥

4차 산업혁명의 핵심: 가치 이동의 혁명

편지가 이메일로, 전화가 메신저로 변했듯 인터넷은 '정보 이동의 혁명'을 가져왔다. 그렇다면 다가올 4차 산업혁명 시대는 무엇을 바꿀 것인가? 그것은 바로 '가치 이동(Value Movement)의 혁명'이다.

가치 이동(Value Movement)이란 무엇인가? 돈, 자산, 계약서, 소유권처럼 경제적 가치를 지닌 모든 것이 국경이나 중앙은행, 중개기관(은행·증권사)을 거치지 않고, 인터넷처럼 즉시·저렴하게·안전하게 이동하는 것을 말한다. 지금까지 우리는 정보는 실시간으로 보내면서도, 돈과 자산은 여전히 느리고 복잡한 시스템에 묶여 있었다. 길은 이어져 있지만, 중간에 반드시 거쳐야 할 창구와 확인 절차, 허가 기관이 너무 많다. 그래서 느리고 복잡하고 비용이 많이 든다. 하나씩 살펴보자.

첫째, 해외 송금 = 편지 시대의 국제 우편
2025년 ISO20022(전 세계 은행이 동일한 형식으로 돈을 주고받기 위해 만든 국제 금융 메시지 표준)가 본격적으로 자리 잡기 전까지, 해외 송금은 마치 해외로 손편지를 보내는 것과 같았다. 여러 중간 은행을 거치고, 분실 위험을 줄이기 위해 추가 비용을 내며, 도착까지 며칠이 걸린다. 우리는 이미 메신저 시대에 살고 있지만, 해외 송금은 여전히 우편 시대의 구조를 유지하고 있다.

둘째, 자산 거래 = 집을 사고도 서류가 산처럼 쌓이는 현실
부동산이나 주식의 소유권을 이전하려면 복잡한 절차와 시간이 필요하다. "이 집이 내 집입니다"라는 사실을 증명하기 위해 여러 기관을 거쳐야 한다. 소유권 하나 옮기는 데 며칠, 때로는 몇 주가 걸린다. 정보는 즉시 이동하지만, 자산은 여전히 종이와 절차에 묶여 있다.

셋째, 계약 이행 = 신뢰 대신 감시가 필요한 구조

계약을 이행하기 위해 우리는 사람을 믿기보다 변호사, 공증 기관, 중개인을 끼워 넣는다. 신뢰가 기술로 자동화되지 않았기 때문이다. 결국 계약 하나를 이행하기 위해 시간과 비용이 반복적으로 들어간다.

이처럼 현재의 가치 이동 시스템은 혁명이 필요하다. 그리고 이 문제를 해결하기 위해 등장한 기술이 바로 블록체인이다. 블록체인을 쉽게 말하면, 모두가 동시에 볼 수 있는 공동 장부다. 과거에는 은행이라는 한 기관이 거래 기록을 관리했다면, 블록체인은 수많은 참여자가 동일한 장부를 함께 보관하고 서로 검증한다. 누군가 기록을 몰래 바꾸려면 모든 장부를 동시에 수정해야 하므로 사실상 불가능에 가깝다. 그래서 중간 관리자 없이도 더 투명하고, 더 안전하며, 더 빠르게 가치 이동이 가능해진다. 즉, 4차 산업혁명 시대에는 정보뿐 아니라 돈과 자산까지 인터넷처럼 이동하는 세상이 열리게 되는 것이다.

4차 산업혁명 시대를 이끌게 될 3가지 기반은 다음과 같다.

인공지능(AI) = 뇌		감각으로 들어온 정보를 분석하고 판단하는 역할
사물인터넷(IoT) = 감각		눈·귀·피부처럼 세상의 변화를 실시간으로 느끼는 역할
블록체인 = 혈관 + 신경망 (가치와 신뢰를 이동시키는 시스템)		판단의 결과로 생긴 돈·자산·권리·신뢰를 안전하게 전달하는 역할

그렇다면 가상화폐는 무엇인가? 자동차가 움직이기 위해 기름이 필요하듯, 블록체인 네트워크가 작동하고 거래를 처리하기 위해서는 수수료 형태의 가상화폐가 필요하다. 가상화폐는 거래 수수료로 사용되고, 네트워크 참여자에게 보상으로 지급되며, 시스템이 멈추지 않도록 하는 경제적 동력 역할을 한다. 따라서 가상화폐는 단순한 '돈'이 아니라, 블록체인 생태계의 존속과 운영을 가능하게 하는 핵심 자산이다.

여기까지의 이야기를 이해했다면, 왜 스마트 투자자들이 또 다른 'W'를 찾기 위해 가상화폐라는 영역을 바라보고 있는지 자연스럽게 느꼈을 것이다. 그러나 모든 가상화폐가 또 다른 'W'가

되는 것은 아니다. 이제 중요한 질문이 남는다. 수많은 잡음 속에서 어떤 것이 진짜 신호인가?

투자와 투기를 가르는 기준

"충분한 분석을 통해 원금의 안전과 만족스러운 수익을 보장하는 행위만이 투자다. 이 조건을 충족하지 못하는 모든 것은 투기다." _벤저민 그레이엄

그레이엄이 말한 '조건을 충족하지 못하는 것'이란 무엇인가? 해당 자산이 실제로 어떤 사업을 하고 있는지, 어떻게 수익을 창출하는지, 장기적으로 지속 가능한 구조를 갖추었는지에 대한 펀더멘털과 안전성이 검증되지 않은 대상을 말한다. 이는 주식 시장에서 말하는 '비우량 종목'과 정확히 같은 개념이다. 그는 투자와 실패 가능성이 높은 투기를 명확히 구분했다.

코인 시장에서 발생하는 대다수의 실패 역시 이 지점에서 나온다. 비우량 종목에 해당하는 비우량 알트코인에 대한 무분별한 투자가 원인이다. 비트코인은 반감기 구조로 인해 4년 주기의 강세장이 반복되어 왔다. 과거에는 그 흐름 속에서 대부분의 알트

코인도 함께 상승했다. 특히 시가총액이 작은 비우량 알트코인들은 짧은 기간 동안 폭발적인 상승을 보이기도 했다.

그러나 지금은 상황이 다르다. 2017년 강세장 당시 약 1,000개 수준이던 알트코인 수는 2021년에는 1만 개 이상으로 늘어났고, 2026년 현재는 실제 투자 대상으로 보기 어려운 토큰까지 포함하면 수백만~수천만 개에 달한다. 모든 알트코인이 함께 오르던 2021년과 같은 장면이 다시 반복되리라 기대하는 것은 이제 현실과 거리가 멀다. 공급은 폭증했고, 자본은 분산되었으며, 생존 확률은 극단적으로 낮아졌다.

따라서 우리는 충동적으로 비우량 알트코인을 매수하는 '투기'가 아니라, 우량 알트코인을 충분히 공부하고 펀더멘탈을 이해한 뒤 확신을 갖고 선택하는 '투자'를 해야 한다. 가격이 오르기 때문에 사는 것이 아니라, 구조가 견고하기 때문에 선택하는 것. 그 차이가 결국 생존과 실패를 가른다.

모든 자산이 블록체인 위로 올라온다

"블록체인 기술은 금융 시스템의 미래를 근본적으로 바꿀

이 말은 주식, 채권, 부동산, 사모펀드, 심지어 탄소 배출권까지 모든 자산을 블록체인 위의 '토큰' 형태로 디지털화해 거래하고 관리하겠다는 뜻이다. '블록체인 위에 올리는 자산 토큰화'를 세 가지 비유로 쉽게 이해해보자.

첫째, 모든 자산의 '인터넷 등록'

과거 문서와 정보가 인터넷에 올라가며 누구나 접근 가능해졌듯, 이제는 소유권 자체를 디지털 공공 장부에 등록하는 것이다. 종이에 적힌 권리가 아니라, 블록체인에 기록된 권리가 되는 것이다.

둘째, 자산에 '디지털 지문'을 새기는 것

각 자산마다 위조가 불가능한 고유 기록(토큰)을 블록체인에 새긴다. 누가 언제 소유했고, 어떻게 거래되었는지가 영구적으로 남는다. 기록을 바꾸려면 전체 네트워크를 동시에 조작해야 하므로 사실상 불가능에 가깝다.

셋째, 모든 자산을 '스마트폰으로 거래'하게 되는 것

지금 우리가 코인이나 주식을 앱으로 사고팔듯, 부동산이나 채권도 복잡한 절차 없이 간편하게 거래하는 세상이다. 몇 주씩 걸리던 이전 절차가 실시간 결제로 바뀌는 것이다.

그럼 자산 토큰화가 가져올 4가지 변화는 어떻게 될까?

	현재	미래
유동성	부동산, 사모펀드는 현금화가 어렵다.	자산을 토큰으로 쪼개 분할 소유가 가능하고, 24시간 거래가 가능해진다.
투명성	거래 기록이 중앙 시스템에 갇혀 있다.	모든 거래 기록이 블록체인에 공개되어 누구나 검증 가능하다.
거래 효율성	은행·증권사 등 중개 기관을 거쳐 시간과 비용이 많이 든다.	스마트 컨트랙트로 자동 실행되어 비용이 줄고 즉시 결제가 가능하다.
접근성	일부 자산은 고액 자산가만 접근할 수 있다.	소액으로도 분할 투자 가능해진다.

이를 한 문장으로 쉽게 정리하면, "모든 자산의 소유권을 디지털 공공 장부(블록체인)에 등록하는 것, 자산을 '분할 소유 및 24시간 거래'가 가능한 형태로 만드는 것" 이것이 자산 토큰화다.

블랙록은 단순한 발언에 그치지 않았다. '토큰화는 금융의 다음 세대'라고 공개적으로 밝히는 동시에, BUIDL 펀드(BlackRock USD Institutional Digital Liquidity Fund)를 출시했고, 블록체인 기반 결제·청산 시스템 실험을 진행하고 있다. 자본 시장의 거대한 기관이 이미 방향을 정했다는 뜻이다. 다가올 미래, 돈과 자산은 점점 더 블록체인 위로 올라올 것이다. 그리고 그 위에서 움직이는 네트워크와 핵심 인프라 자산이 무엇인지는, 이제 우리가 분석하고 선별해야 할 문제다.

자산 기둥(Asset Token): '소유의 방식' 혁신

자산 기둥이란 무엇인가? 비은행권 블록체인 위에서 실물 및 금융 자산이 토큰화되는 구조를 말한다. 즉, 자산의 발행·분할·거래·관리가 블록체인 위에서 이루어지는 것이다. 핵심 역할은 주식·채권·부동산 같은 실물 및 금융 자산을 블록체인 위에 올려 누구나 쪼개서 소유하고(분할 소유), 자유롭게 거래하며(유동성·교환), 중개자 없이 금융 서비스로 활용(DeFi·탈중앙화)할 수 있도록 만드는 기초 인프라를 제공한다.

1. 기반 체인(L1) - "자산이 태어나는 땅은 아무 데나 될 수 없다."

기반 체인은 자산이 처음 발행되고 기록되는 '토지'와 같다. 토지가 안전하지 않으면 그 위에 세워진 금융은 오래갈 수 없다.

이더리움: 확장성과 표준성 중심. 가장 많은 자산과 개발자가 이미 올라가 있는 사실상의 기준 플랫폼

솔라나: 속도와 통합 경험 중심. 웹 2.0 수준의 사용자 경험으로 대중화를 추구

아발란체·폴카닷: 기관 기업의 친화적 구조. 맞춤형 네트워크 설계에 강점

앱토스·수이: 차세대 고성능 체인. 속도와 확장성을 앞세운 신흥 L1
결국 자산 토큰화 시대의 핵심은 보안·신뢰·개발 생태계를 동시에 갖춘 소수의 L1으로 수렴될 가능성이 높다.

2. 확장 체인(L2) - "도시가 커질수록 도로는 반드시 필요하다."

자산이 늘어날수록 기반 체인은 느려지고 비용이 높아진다. 그래서 더 빠르고 저렴한 이동 경로가 필요하다.

폴리곤·아비트럼·옵티미즘: 이들은 기반 체인 위에서 자산이 빠르

　　Chapter 1 SELECTION: 우량 자산을 선별하는 8가지 필터

게 이동하도록 돕는 '도로' 역할을 한다.

확장 체인은 선택이 아니라 필수이며, 결국 L1과 가장 깊이 연결된 소수의 L2만이 장기적으로 살아남을 가능성이 크다.

3. 핵심 인프라 - "현실과 연결되지 않은 금융은 존재할 수 없다."

체인링크: 가격, 환율, 금리 등 현실 세계의 데이터를 블록체인으로 연결하는 '신경망' 역할을 한다.

자산 토큰화가 확장될수록 오라클은 대체 불가능한 필수 인프라가 된다. 블록체인 위 자산이 현실과 단절된다면, 그 가치는 반쪽에 불과하다.

4. 활용 레이어 - "자산의 최종 목적지는 항상 '사용'이다."

유니스왑: 발행된 토큰이 실제로 교환되고 유동성을 갖는 대표적 탈중앙 금융 플랫폼이다.

결국 자산 토큰화의 종착점은 사용처를 가진 금융 서비스다. 자산은 '존재'하는 것보다 '사용'될 때 가치가 생긴다.

왜 이 구조가 남는가? 자산 토큰화 시대의 블록체인 생태계는 하나의 흐름으로 완성된다.

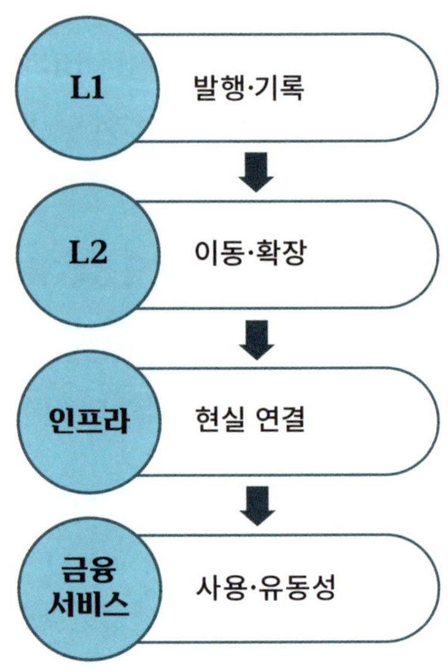

기반 체인은 '땅'이고, 확장 체인은 '도로'이며, 인프라는 '신경망'이고, 활용 레이어는 '시장'이다. 이 네 가지가 유기적으로 연결될 때 비로소 자산 토큰화 생태계가 완성된다. 결국 승자는 보안·신뢰·확장성·생태계를 동시에 확보한 소수의 핵심 체인과 인프라로 수렴될 가능성이 높다. 그리고 투자자는 이 구조가 완성되기 전에, 어디가 '땅'이 되고 어디가 '도로'가 되며 어디가 '신경망'이 될지 판단해야 한다.

돈 기둥(Money Token): 돈의 이동 속도·비용·국경 간 청산의 혁신

돈 기둥이란 무엇인가? 은행권 중심의 블록체인 위에서 법정 화폐가 토큰화되어 이동하는 구조를 말한다. 즉, 달러·원화 같은 기존 화폐의 가치가 디지털 형태로 블록체인 위에서 움직이는 것이다. 핵심 역할은 중앙은행이 발행하는 디지털 화폐(CBDC)와 달러·원화에 연동된 스테이블 코인이 전 세계 어디서든 즉시 송금되고, 최종 결제까지 안전하게 마무리되도록 하는 결제 인프라를 제공한다. 돈은 단순히 이동하는 것이 아니라, '확정'되어야 의미가 있다.

1. 금융 핵심 인프라 - "국가·은행·기관의 대규모 자금이 흐르는 중앙 고속도로"

XRP : "국경을 넘는 돈은 가장 빠른 길을 선택한다."

은행과 은행을 연결하는 국제 송금 고속철에 가깝다. 기존 국제 송금(SWIFT)이 며칠이 걸리고 수수료가 높은 완행열차라면, XRP는 몇 초 내 정산이 완료되는 직통 고속철에 비유할 수 있다. 은행·중앙은행·결제기관이 즉시 결제와 확정성을 요구할수록 XRP의 역할은 커질 수 있다.

스텔라루멘(XLM): "금융의 사각지대를 잇는 마지막 1km 도로"
대형 은행보다는 개인·소액 결제·개도국 금융에 초점을 맞춘 구
조다. 은행 계좌가 없는 사람도 휴대폰 하나로 송금할 수 있는
생활 밀착형 결제 네트워크에 가깝다.

퀀트(QNT): "서로 다른 금융 언어를 번역하는 계층"
직접 돈을 보내기보다는 서로 다른 블록체인과 은행 시스템을
연결하는 '중간 언어' 역할을 한다. 각 나라, 각 은행이 다른 시스
템을 사용하는 현실에서 퀀트는 결제 인프라의 통역사다.

헤데라(HBAR): "국가와 기업이 안심하고 쓰는 결제 관제 시스템"
퍼블릭 블록체인이지만, 대기업·정부·공공기관이 활용하기에 적
합한 구조를 갖췄다. 높은 처리 속도, 예측 가능한 수수료, 법적
안정성은 결제망을 운영하는 기관에게 필수 조건이다.

2. 다목적 결제 인프라 - "기업·개인·기계까지 실물 경제와 연결되는 도로망"

알고랜드(ALGO): "중앙은행이 테스트하는 디지털 화폐 실험실"
여러 국가에서 CBDC 실험용 체인으로 활용되고 있다. 빠른 최
종성과 수학적으로 검증된 합의 구조는 중앙은행이 요구하는

조건과 맞닿아 있다.

XDC: "기업과 기업 사이를 잇는 무역 전용 레일"

국제 무역·기업 간 결제·송장 정산에 특화된 구조다. 무역 금융은 단순 속도보다 신뢰·확정성·문서 연계가 더 중요하다.

아이오타(IOTA): "미래 도시에서 기계가 쓰는 화폐"

사람이 아닌 기계·센서·사물인터넷(IoT)이 주고받는 초미세 결제를 목표로 한다. 전기차 충전, 스마트시티, 자동 결제 등 인간 개입이 최소화된 환경에 적합하다.

3. 대중 결제/화폐 - 대중이 사용하는 통화

도지코인(DOGE): "사람들이 자발적으로 쓰는 화폐는 살아남는다."

기관 중심 결제 인프라를 지향하는 프로젝트는 아니지만, 강력한 지지층과 실제 사용 사례를 바탕으로 '사람들이 기꺼이 쓰는 화폐'라는 상징성을 갖는다. 화폐의 기능은 결국 사용성에서 나온다.

왜 이 구조가 남는가? 돈은 느리면 안 된다. 애매해서도 안 된다.

결제는 항상 빠르고, 저렴하며, 확정적이어야 한다. 결국 돈 기둥의 승자는 은행·정부·기업과 연결되고, 글로벌 결제·청산에 실제로 활용되며, 규제와 현실 금융을 견딜 수 있는 구조를 갖춘 프로젝트로 수렴될 가능성이 높다. 돈은 '이야기'가 아니라 '사용'으로 증명된다. 그리고 투자자는 어떤 네트워크가 실제로 돈의 고속도로가 될지를 판단해야 한다.

 Chapter 1 SELECTION: 우량 자산을 선별하는 8가지 필터

03

우량 자산을 선별하는 8가지 필터

본질을 꿰뚫는 두 가지 학습법

나는 앞서 설명한 두 가지 기둥의 코인들이 장기적으로 우상향할 가능성이 높다고 확신한다. 투자를 처음 시작하는 초보자일수록 각 섹터의 1~2위 종목에 집중하는 전략을 권한다. 펀더멘털이 비교적 명확하고, 생태계와 사용처가 이미 형성되어 있어 장기적인 생존 확률이 높기 때문이다. 하지만 보다 안정적인 성장 기반을 찾는다면, 나는 그 중심을 '돈 기둥'에 둔다.

이유는 단순하다. 자산은 경기 침체나 시장 상황에 따라 거래가 위축되거나 멈출 수 있다. 그러나 돈(화폐)은 다르다. 결제와 정산을 위해 24시간 365일 전 세계를 쉼 없이 이동해야 하는 필수 재다. 경제가 호황이든 불황이든, 돈의 흐름은 멈출 수 없다. 따라서 돈의 흐름을 책임지는 인프라는 구조적으로 안정적인 성장 기반을 가질 가능성이 높다. 이런 관점에서 필자는 '돈 기둥' 코인 중 선두에 있는 XRP를 가장 주목해야 할 자산으로 본다. 그런데 기존 XRP 관련 서적들은 낯선 용어와 전문 지식으로 가득한 경우가 많다. 그 결과, 공부를 시작하기도 전에 부담을 느끼거나 억지로 참고 읽어야 한다는 생각이 들기 쉽다.

이 책은 다르다. 나는 독자 여러분이 XRP의 본질을 쉽고 재미있게 이해할 수 있도록 두 가지 방법을 제시한다.

첫째, 익숙한 비유로 본질을 포착하자
XRP를 이해하는 일은 1800년대 맨해튼, 1970년대 강남의 미래 가치를 알아보는 것과 닮아 있다. 당시에는 허허벌판이었지만, 인프라와 구조를 본 사람은 미래를 읽었다. 복잡한 기술 용어를 잠시 내려놓고, 누구나 아는 역사적 사례와 일상의 비유를 통해 XRP의 핵심 가치를 살펴보자. 가벼운 마음으로 읽기 시작해도 좋다. 어느 순간 거대한 그림이 직관적으로 보이기 시작할 것이다.

둘째, '우량 자산 필터'로 뉴스를 분류하라

압도적인 성공을 거둔 자산에는 공통된 특징, 즉 펀더멘탈이 존재한다. 나는 이를 '필터' 형태로 제시할 것이다. 이 필터를 기준으로 XRP 관련 뉴스와 정보를 스스로 분석해 보자.

"이 이슈는 몇 번째 필터에 해당하는가?"

이 질문을 반복하는 순간, 타인의 확신이 아니라 자신만의 투자 기준이 생긴다. 투자는 정보의 양이 아니라, 정보를 걸러내는 능력에서 갈린다.

의심과 비판을 두려워할 필요는 없다. 직접 따져보고, 생각하고, 공부하라. 그 과정 속에서 왜 XRP가 미래 금융 인프라의 핵심 후보로 언급되는지, 그리고 왜 또 다른 'W'로 불리는지 스스로 깨닫는 순간이 반드시 올 것이다. 그때의 확신은 남이 준 것이 아니라, 당신이 스스로 만든 것이다.

우량 자산을 선별하는 8가지 필터

"당신은 지금 가격을 보고 있는가, 아니면 시대가 요구하는 역할을 보고 있는가?"대중은 '가격의 등락'을 본다. 소수는 '구조와 역할'을 본다. 대중의 질문은 단순하다.

가격이 오르면 "지금 사도 되나요?"

가격이 내리면 "지금 팔아야 하나요?"

그러나 성공 투자자의 질문은 다르다.

"이 자산이 없다면, 시대가 요구하는 변화는 원천적으로 불가능한가?"

우량 자산의 가격은 단기적 리스크를 반영한다. 그러나 가치는 본질을 반영한다. 진짜 호재는 시장의 환호 속에서 태어나지 않는다. 외면과 의심 속에서 조용히 축적되다가, 어느 순간 가격이라는 형태로 폭발한다. 가치보다 가격이 낮은 순간, 아래의 필터를 통해 축적되는 구조를 포착하는 능력. 그 선구안이 대중과 소수를 가르는 결정적 무기다.

첫 번째 필터, 기술적 혁신 - 시대를 10배 이상 앞서나갔는가?

1800년대 맨해튼은 이리 운하 개통으로 물류 비용과 시간을 기존의 1/10 수준으로 단축시켜, 뉴욕의 지리적 잠재력을 폭발시켰다.

→ "이 자산이 시장의 경쟁자들보다 압도적으로 효율(10배 이상)적인 기술적/지리적 우위를 가지고 있는가?"

→ **원가 경쟁력 독점**

1970년대 강남은 주거, 교통, 교육(명문 8학군)을 동시에 설계하여, 기존 도시가 수십 년에 걸쳐 이룰 인프라를 단기간에 완벽하게 구축했다.

→ "이 자산이 기존 시스템이 따라올 수 없는 속도와 완성도로 압도적인 환경을 구축했는가?"

→ **복제 불가능한 우위**

XRP는 기존 SWIFT 시스템이 수일이 걸리고 높은 수수료를 부과하는 데 반해, XRP는 국경 간 송금/청산을 3~5초 이내, 수수료는 거의 0원에 가깝게 구현하여, 압도적인 효율성을 제공한다.

→ "이 자산의 기술이 기존 시장의 비효율(속도/비용)을 극단적으로 해소하여 시장의 판도를 바꾸는가?"

→ **차원이 다른 효용**

핵심 질문은 이것이다.

"이 자산은 기존 시장의 비효율을 극단적으로 제거하는가?"

우량 자산은 '조금 더 나은 것'이 아니라 기준 자체를 바꾸는 압도적 효율을 제공한다.

두 번째 필터, 핵심 인프라 - 있으면 좋은 가, 없으면 안 되는 가?

1800년대 맨해튼은 미국 전역의 물자와 자본이 모이는 단 하나의 관문 역할을 선점했다. 맨해튼을 통하지 않고는 미국 경제와 무역에 참여하기 어려웠다.

→ "이 지역을 떠나서는 대규모 상업 및 금융 활동이 불가능한가?"

→ **미국 경제 참여 비효율**

1970년대 강남은 잘 정비된 교육, 교통, 주거 인프라로 새로운 중심지 역할로 부상했다.

→ "이 지역을 통하지 않고는 교육·주거·비즈니스 측면에서 중산층 이상의 삶을 유지하기 어려운가?"

→ **교육·주거·자산 형성 비효율**

XRP는 국경 간 결제 및 청산에서 SWIFT를 대체하거나 보완하는, 가장 빠른 유동성 레일 역할을 목표로 한다.

→ XRP가 없으면 금융 기관들이 국경 간 거래에서 심각한 비효율을 겪는가?

→ **국제 금융 거래 비효율**

인터넷 접속이 일과 생활에 없어서는 안 될 '생활 인프라'가 되어 "와이파이가 왜 이렇게 느려?"라는 불평이 나올 때는 이미 늦은 것처럼 아직 국제 송금이 불편하지 않다면, 그것은 과도기이기 때문이다. '5초 송금'이 당연해지는 시대가 오면, 1분이 걸려도 불평이 나올 것이다. 생활 인프라가 된 뒤에는 이미 가격은 그 위에 가 있다.

세 번째 필터, 초기 저평가와 외면 - 대중이 아직 가치를 이해하지 못했는가?

1800년대 초기 맨해튼은 개발되지 않은 늪지로 콜레라 등 전염병과 열악한 위생 시설로 인해 '살기 힘든 곳', '위험한 곳'으로 인식되었다.

→ "대중은 이 자산의 '잠재력'이 아닌 '당장의 불편함(위생, 늪지)'만 보고 피하는가?"

→ **위험하고 더러운 투기**

1970년대 강남은 버스 노선도 제대로 없고 허허벌판인 논밭이었다. 이미 인프라가 갖춰진 강북(명동, 종로) 대비 '불편하고 멀리 떨어진 곳'으로 대중에게 외면받았다.

→ "대중은 이 자산의 '미래 인프라 가치'가 아닌 '당장의 부재(논밭, 불편함)'만 보고 무시하는가?"

→ **미래 없는 허허벌판**

XRP는 중앙화 논쟁과 규제 리스크 속에서 오랜 시간 의심받았다. 그 결과 대중의 투자를 위축시켰다.

→ "이 자산이 업계의 '철학적 이상향'과 다르거나 '규제 당국의 칼날' 때문에 배척당하고 있는가?"

→ **코인의 탈을 쓴 사설 화폐**

결국, 대중은 늘 '현재의 불편함'에 집중한다. 소수는 '미래의 역할'을 본다. 리스크만 보이는 시점이 구조를 읽는 사람에게는 기회가 된다.

네 번째 필터, 시대의 절대적 요구 - 이 자산이 없다면 문제가 해결되는가?

1800년대 맨해튼은 대규모 무역의 필수 관문으로 미국 내륙의 방대한 생산물(곡물, 자원)을 대서양으로 연결하는 유일한 대규모 수송로를 제공했다. 맨해튼이 없었다면 미국의 산업 혁명과 무역 발전은 심각하게 지연되었을 것이다.

→ "이 자산이 없었다면 시대가 요구하는 대규모 경제 성장이 원천적으로 불가능했을 것인가?"

→ **국가적 산업 발전 정체**

1970년대 강남 개발이 없었다면 수도권 과밀 문제는 마비 상태에 이르렀을 것이다.

→ "이 자산이 없었다면 인구 폭증으로 인한 수도권 도시 기능

의 마비가 원천적으로 해결 불가능했을 것인가?"

→ 수도 기능의 마비 및 도시 붕괴

SWIFT로 대표되는 기존 국제 금융 시스템은 속도·비용·투명성 면에서 디지털 경제의 요구를 따라가지 못하고 있다. XRP는 글로벌 토큰화와 즉시 청산이라는 요구에 대응하는 대안으로 설계되었다.

→ "이 자산이 없었다면 국제 금융 및 국경 간 토큰하라는 시대적 혁신이 현재의 기술로는 불가능했을 것인가?"

→ 글로벌 무역 및 디지털 경제 정체

우량 자산은 '좋은 선택지'가 아니라 '문제를 해결하는 구조적 대안'이었다.

다섯 번째 필터, 지속 가능성 - 시간이 이 자산의 편이 되는가?

1800년대 맨해튼은 섬이라는 지리적 한계로 인한 희소성과 금융, 무역 인프라 독점적 네트워크를 동시에 가졌다.

→ "이 자산은 시간이 지날수록 공급은 더욱 희소해지고 수요는 더욱 집중되는 구조적 힘을 가지고 있는가?"

→ 글로벌 금융 시장 영구 독점

1970년대 강남은 정부 주도로 형성된 최고 수준의 주거 및 교육 인프라로 복제가 불가능한 장벽을 형성했다. 이는 '강남'이라는 브랜드 가치를 강화해 시간이 흐를수록 독점 현상을 심화시킨다.

→ "이 자산이 구축한 인프라적 우위가 경쟁에 의해 침식되지 않고 시간이 지날수록 더 강력해지는가?"

→ **주거 및 교육 기회의 영구 독점**

XRP는 제도권 협력과 규제 적합성을 기반으로 '신뢰'를 축적해 왔다. 또한 거래 수수료 소각 구조는 장기적 공급 감소 요인을 가진다.

→ "이 자산의 기술적, 시스템적 구조가 장기적인 '신뢰'와 '공급 감소'를 동시에 보장하는가?"

→ **글로벌 유동성 인프라 영구 장악**

핵심은 이것이다. 시간이 흐를수록 경쟁자가 약해지고, 구조적 진입 장벽이 높아지는가?

시간이 적이 아닌 동맹이 되는 자산. 그것이 장기 투자 대상이다.

여섯 번째 필터, 법과 규제 - 규칙을 따르고 시스템에 편입되었는가?

1800년대 맨해튼은 미국 정부가 지정한 공식 관세 및 금융 업무

중심지로 법적·행정적으로 독점적 지위를 확정했다.

→ "이 자산의 역할이 국가의 법률 및 제도적 프레임워크 내에서 공식적으로 인정되고 보호받는가?"

→ **합법적 독점력 확보**

1970년대 강남은 정부가 '강남 개발촉진법'과 같은 법규와 행정력을 투입하여 모든 인프라를 계획하고, 최고 수준의 주거 환경이라는 지위를 법적, 제도적으로 보장받았다.

→ "이 자산의 가치와 지위가 국가의 특별한 행정적 조치나 법적 보호를 통해 유지되는가?"

→ **독점적 지위 영구 확보**

XRP는 SEC 소송 승소로 합법성을 확보했을 뿐 아니라, '클래리티 법안(Clarity for Payment Stablecoins Act)' 등 미국의 스테이블코인 법안들이 요구하는 투명성, 준비금 요건, 연방 감독 수용을 RLUSD 발행을 통해 법적 명확성을 확보했고, 제도권 편입을 가속화하고 있다.

→ "이 자산이 속한 새로운 영역(디지털 자산)에서, 가장 보수적인 규제 기관과 새로운 입법 기준으로부터 합법성과 안정성을 증명받고 부합하는가?"

→ **글로벌 금융 표준 역할 확정**

시장을 이기는 자산은 많지만, 법을 이기는 자산은 없다. 시스템 안으로 들어온 자산만이 장기 생존한다.

일곱 번째 필터, 대체 불가능성 - 다른 선택이 곧 손해인가?

1800년대 맨해튼는 이리 운하를 통과하는 물류의 총비용 및 시간적 효율이 압도적이어서, 다른 항구나 운송로를 이용하는 것은 곧 경제적 손해를 의미했다.

→ "다른 선택지는 존재하지만, 그 선택이 곧 손실을 의미하는가?"

→ **형식적 대체 가능하나 실질적 대체 불가능**

1970년대 강남은 8학군과 핵심 주거 인프라로 성공한 상류층으로의 편입과 최상위 교육 기회가 보장되었다. 강남을 벗어나면 기회 비용이 발생했다.

→ "이 자산을 포기하는 것이 곧 개인과 기업의 '성공 기회'를 포기하는 것과 동의어인가?"

→ **공간은 대체 가능, 결과는 대체 불가능**

XRP는 속도·비용·유동성·기관 연동성·규제 적합성을 동시에 충족하는 구조를 지향한다. 다른 기술이 존재한다고 해서, 기관이 더 느리고 비싸고 불확실한 선택을 할 유인은 크지 않다.

→ "다른 기술이 가능하다는 이유만으로, 금융 기관이 더 느리고 비싸며 규제 리스크가 큰 선택을 할 유인이 있는가?" (속도, 비용, 유동성, 규제 적합성, 기관 연동성을 동시에 충족)

→ **존재는 대체 가능하나 채택은 대체 불가능**

존재는 대체 가능할지 몰라도, 채택은 대체 불가능한가? 그 질문이 핵심이다.

여덟 번째 필터, 최상위 지배 네트워크 - 결정권자들이 이미 움직였는가?

1800년대 맨해튼은 월스트리트를 중심으로 은행가, 보험사, 무역상, 정책 결정자들이 결집. 자본을 움직이는 사람들과 규칙을 만드는 사람들이 한곳에 모였다.

→ "이 자산을 둘러싼 의사 결정 구조가 국가 및 글로벌 자본의 최상위 엘리트로 구성되어 있는가?"

→ **금융 질서의 중심 확정**

1970년대 강남은 정책 결정, 최고 학군 설계, 대기업 및 자본가가 동시에 결집했다.

→ "정책·교육·자본이 동시에 같은 방향으로 움직였는가?"

→ **국가 단위 구조적 선택**

XRP는 SBI, 주요 중앙은행 등과 협력할 뿐 아니라, 세계경제포럼(다보스 포럼)과 같은 글로벌 엘리트들의 최고 의사 결정 장소에서 유일하게(스텔라루멘과 함께) 정책 논의 및 협력 관계를 구축하고 있다. 이는 XRP가 단순한 기술이 아닌, 글로벌 아젠다의 핵심 구성 요소임을 증명한다.

→ "가장 보수적인 글로벌 엘리트들이 '실험 대상'이 아니라 '시스템 후보'로 대하고 있는가?"

→ **미래 금융 표준의 사전 승인**

대중이 가격을 논할 때, 결정권자는 표준을 논한다. 뉴스가 나오기 전에 자본과 규칙은 먼저 움직인다.

실전 검증: 2021년 이더리움은 왜 20배 올랐을까?

많은 사람이 2021년 이더리움의 폭등을 단순히 '유동성 파티'나 '운'으로 치부한다. 그러나 그것은 결과만 본 해석이다. 이더리움은 우리가 앞서 살펴본 '우량 자산의 8가지 필터'를 상당 부분 충족했기에 폭발할 수 있었다. 과거의 정답지를 분석해 보자. 그러면 미래의 가능성 또한 더욱 선명해진다.

첫 번째 필터, 기술적 혁신 - 시대를 10배 이상 앞섰는가?

이더리움은 단순한 송금 네트워크가 아니었다. 비트코인이 '전자 계산기'였다면, 이더리움은 그 위에서 애플리케이션을 실행할 수 있는 '스마트 컨트랙트'를 도입하며 블록체인을 '월드 컴퓨터'로 확장했다.

→ 핵심 질문은 이것이다. "경쟁자들이 구현하지 못한 기능을 통해 시장의 기준을 바꿨는가?"

→ **이더리움은 단순 개선이 아니라 패러다임 전환을 제시했다.**

두 번째 필터, 핵심 인프라 - 없으면 안 되는 존재가 되었는가?

2020~2021년 폭발했던 DeFi(탈중앙화 금융)와 NFT(대체 불가능 토큰) 열풍. 이 모든 서비스는 이더리움 네트워크 위에서 돌아갔다. 이더리움이 멈추면 DeFi 은행이 멈추고, NFT 시장이 닫혔다.

→ "이 자산을 통하지 않고는 당시 신흥 시장에 참여할 수 있었는가?"

→ **이더리움은 디지털 경제의 운영체제가 되었다.**

세 번째 필터, 초기 저평가와 외면 - 성장통을 실패로 오해했는가?

폭등 직전, 대중은 이더리움의 비싼 수수료(가스비)와 느린 전송 속도를 보며 "망한 코인", "실사용 불가능"이라고 비난했다. 하지만 소수의 투자자는 그 불편함이 '폭발적인 수요로 인한 트래픽'

임을 간파했다.

→ "이 불편함은 실패인가, 수요 폭증의 신호인가?"

→ **성장통은 때로 가장 강력한 매수 신호였다.**

네 번째 필터, 시대의 절대적 요구 - 시대의 문제를 해결했는가?

코로나19 이후 무제한 돈 풀기로 화폐 가치가 하락하자, 사람들은 은행 예금을 대체할 투자처를 찾았다. 이더리움 기반의 DeFi는 '탈중앙화 금융'의 유일한 대안이 되었다.

→ "이 자산이 없었다면, 그 시대의 자금은 어디로 흘러갔겠는가?"

→ **시대의 요구가 자산을 밀어 올렸다.**

다섯 번째 필터, 지속 가능성 - 시간이 이 자산의 편이 되었는가?

2021년 8월, 런던 하드포크(EIP-1559)를 통해 거래 수수료의 일부를 영구히 소각하기 시작했다. 많이 쓰일수록 이더리움의 개수가 줄어드는 '울트라 사운드 머니' 모델을 구축하여 가치 보존의 지속 가능성을 증명했다.

→ 사용 증가 → 공급 감소 → 가치 상승 기대 → **단기 유행이 아닌 구조적 메커니즘이 만들어졌다.**

여섯 번째 필터, 법과 규제를 준수하는가 - 시스템에 편입되었는가?

2021년 2월, 시카고상품거래소(CME)에 이더리움 선물이 상장

되었다. 이는 월스트리트 제도권이 이더리움을 비트코인에 이은 '두 번째 상품'으로 공식 인정했음을 의미했다. 또한 당시 SEC로부터 "증권이 아니다"라는 뉘앙스의 인식을 받으며 규제 리스크를 털어냈다.

→ "세계 최대의 금융 거래소가 이 자산을 공식 상품으로 인정하고 제도권으로 받아들였는가?"

→ **기관 자금 유입의 합법적 통로 개방**

일곱 번째 필터, 대체 불가능성 - 결국 떠날 수 없는 구조인가?
'이더리움 킬러'를 자처하며 솔라나, 아발란체 등이 나왔지만, 결국 개발자들과 자금은 가장 거대한 생태계와 개발 표준(EVM)을 가진 이더리움을 떠나지 못했다. 떠나는 순간 유동성 부족이라는 손해를 봤기 때문이다.

→ "더 빠르고 싼 경쟁자가 나와도, 이미 구축된 생태계와 유동성 때문에 결국 이 자산을 선택할 수밖에 없는가?"

→ 압도적인 네트워크 효과

여덟 번째 필터, 최상위 지배 네트워크 - 결정권자가 참여했는가?
JP모건, 마이크로소프트, 인텔 등 글로벌 거대 기업들이 기업 이더리움 연합(EEA)에 참여하여 이더리움 블록체인을 연구하고 도입을 시도했다. 벤처 기업이 아닌, 세상을 움직이는 공룡 기업들이 이더리움을 선택했다.

→ "글로벌 대기업과 금융 기관들이 자신들의 미래 사업 파트너로 이 자산을 선택하고 연합을 맺었는가?"

→ **기업용 블록체인의 표준 등극**

이제 질문을 바꿔보자. 2020년의 이더리움은 8개의 관문을 통과하며 20배 상승을 만들었다. 그 당시 대중은 '가스비'라는 나무만 봤다. 그러나 소수는 '생태계 확장'이라는 숲을 봤다. 지금 우리는 무엇을 보고 있는가?

대중은 '가격 횡보'와 '낡은 코인'이라는 단어에 집중한다. 그러나 8가지 필터로 XRP를 다시 점검해 보면 다른 그림이 보이기 시작한다. 완전히 동일하다고 말할 수는 없지만 XRP와 이더리움은 구조적으로 많이 닮았다.

성공 투자의 정답은 멀리 있지 않다. 과거의 승자들이 통과한 관문 안에 있다. 의심은 필요하다. 그러나 의심이 분석을 대체할 수는 없다. 감은 중요하다. 그러나 데이터와 구조를 이길 수는 없다. 당신은 이미 '검증된 분석 틀'을 손에 넣었다. 이제 판단은 당신의 몫이다.

04

검증된 1%의 게임 체인저 XRP

3000분의 1의 함정: 당신은 아직도 '화룡점정'을 기다리는가?

"XRP의 미래는 사람들이 사느냐가 아니라, 금융 시스템이 필요로 하느냐에 달려 있다."

대중은 가격의 등락에 일희일비하며 차트를 보지만, 선구자는 시스템의 설계를 읽으며 미래를 본다. 왜 XRP가 우상향할 수밖에 없는지, 그 핵심 설계 두 가지를 먼저 짚어보자.

첫째, 2030년 금융 포용성과 설계도의 완성

2030년, 우리는 '금융 포용성의 시대'를 맞이하게 될 가능성이 크다. 그것은 단순한 기술의 발전이 아니라, 전 세계 14억 명의 소외된 이들이 금융의 혜택을 누리는 거대한 전환이다. ISO 20022라는 전 세계 송금망이 완전히 디지털로 전환되는 그 시점, 수조 달러의 국경 간 결제가 XRP를 통해 정산된다면 상황은 완전히 달라질 수 있다.

그 거대한 유동성을 마찰 없이 받아내기 위해서는 XRP 한 개당 가치 또한 지금과는 다른 수준이어야 한다. 역설적이게도 브릿지 자산으로써 XRP는 가격이 지나치게 낮을수록 비효율적이다. 낮은 가격은 대규모 자금을 운송할 때 시장에 큰 충격(슬리피지)을 줄 수 있기 때문이다. 전 세계 수조 달러의 자금을 빠르게 실어나르기 위해 XRP의 가치가 충분히 높아야 한다는 점, 이것이 글로벌 금융기관들이 XRP의 가격 상승 가능성에 주목하는 이유 중 하나이며 우리가 읽어야 할 미래 설계도의 핵심이다.

우상향은 XRP의 선택이 아니라 구조적 결과에 가깝다. 실사용이 늘어날수록 거래량은 증가하고, 거래가 일어날 때마다 XRP는 소각된다. 공급은 고정되어 있는데 소각이 지속된다면 가격은 구조적으로 우상향 압력을 받을 수밖에 없다. 이것은 믿음의 문제가 아니라 설계 구조의 문제다.

둘째, 확정된 미래: 일상이 될 디지털 금고

우리의 일상에서도 이 변화는 점차 체감될 것이다. 시중은행 (KB, 신한 등)에 XRP를 맡기고 이자를 받는 미래 또한 충분히 가능한 시나리오다. XRP의 법적 지위가 더욱 명확해지고 은행 내부에서 외환 결제와 대량 정산에 실제로 쓰이기 시작하면, 은행은 이를 예치 받을 경제적 이유를 갖게 된다.

이미 국민, 신한, 하나은행 등은 디지털 자산 수탁 기업(KODA, KDAC 등)에 투자하며 '커스터디(Custody)' 시대를 준비하고 있다. 2030년의 은행은 현금뿐만 아니라 우리가 가진 '디지털 다이아몬드(XRP)'를 지키는 금고가 될 가능성이 높다. 은행 앱을 통해 XRP 정기예금에 가입하고, 매달 들어오는 이자 알람을 확인하는 풍경. 그것은 상상이 아니라, 충분히 열려 있는 미래의 한 장면이다.

셋째, 대중의 감옥: 왜 기회는 늘 우리를 비껴가는가?

공부하지 않은 수많은 대중은 언제나 두 가지 의구심이라는 감옥에 갇혀, 눈앞의 기회를 스스로 외면하곤 한다.

(1) "좀 더 증명이 필요하다. 나중에 안 되면 어떡하나?"

투자 마인드의 대가인 유튜버 '어슴 새벽'은 퍼즐 조각의 비유를 통해 이 함정을 명쾌하게 지적했다.

"3,000개의 퍼즐 조각 중 2,999개가 맞춰질 때까지 기다렸다가, 마지막 한 조각을 내가 맞춰서 돈을 벌겠다고 생각해서는 안 된다. 적어도 500개 정도의 조각을 내 손으로 맞췄을 때 돈을 벌 생각을 해야 한다."

500개의 퍼즐을 스스로 맞춘다는 것은 무엇인가? 그것은 공부를 통해 자산의 펀더멘털을 스스로 파악하는 것이며, 아직 확정되지 않은 미래를 향해 나아가는 담대함을 갖추는 일이다.

우리는 기억해야 한다. 2,999개의 증명이 끝난 시점, 즉 시중 은행에서 XRP로 이자를 받는 날의 가격은 500개의 퍼즐을 맞추고 있던 지금(2026년)과는 전혀 다른 수준일 가능성이 높다. 증명의 완성은 기회의 축소를 의미한다.

"기회의 순간에는 증명할 수 없고, 증명이 이뤄진 순간에는 기회가 없다."

이 문장을 가슴에 새긴 자만이 가격의 소음에서 벗어나 설계도의 본질을 꿰뚫어 볼 수 있다.

(2) "가격이 안 오르고 있지 않냐?"

필자는 타임 레버리지(Time Leverage) 투자 철학에 깊이 공감한다. '타임 레버리지'란 '시간을 들여 막대한 수익으로 치환한다'는 의미다. 대중은 가격이 오르지 않는 정체기를 '고통의 시간'이라 부르지만, 공부하는 선구자에게 이 시간은 수익의 크기를 키우는 '지렛대'가 된다.

"큰돈은 사고파는 것이 아니라, 기다리는 데 있다."
"주식 시장은 인내심 없는 사람의 돈을 인내심 있는 사람에게 옮기는 장치다."
"가격이 가치에 수렴하기까지는 반드시 시간이 필요하다."

투자의 본질은 운이 아니다. 저평가된 우량 자산을 선점하고, 가격이 가치를 따라잡을 때까지 시간을 견디는 실력이다. 이 책을 통해 스스로 공부한 독자에게 시간은 더 이상 적이 아니다. 시간은 가장 강력한 우군이 된다.

탐욕의 함정과 1%의 생존자

우량 자산의 조정이 길어지면 대중은 유튜브 영상과 커뮤니티에 절규 섞인 댓글을 남긴다. "호재가 넘치는데 왜 안 오르나요?", "도대체 언제 오르나요?"
이 문장 속에는 위험한 심리가 숨어 있다.

"나는 손실은 싫고, 위험도 싫고, 기다림의 고통도 싫다. 오직 지금 당장, 크게 오르는 수익만 원한다."

비우량 알트코인을 앞세운 사기꾼들은 바로 이 지점을 핀셋처럼 공략한다. 영화 〈범죄의 재구성〉 속 대사처럼 말이다.

"걸려들었다. 지금 이 사람은 상식보다 탐욕이 크다. 탐욕스러운 사람. 세상을 모르는 사람. 세상을 너무 잘 아는 사람. 모두 다 우리를 만날 수 있다."(최창호 역 - 배우 박신양)

"사기는 테크닉이 아니다. 심리전이다. 그 사람이 뭘 원하는지, 그 사람이 뭘 두려워하는지 알면 게임 끝이다."(서인경 역 - 배우 염정아)

위험과 고통을 거부하면서 상식보다 큰 탐욕을 부린다면, 당신은 사기라는 늪에 스스로 걸어 들어가는 것과 같다. 다시 한번 강조한다. 비우량 알트코인은 투자하면 손실이 나는 것이 당연하며, 결국 도태될 가능성이 높다.

리플의 CEO 브래드 갈링하우스는 2019년 블룸버그(Bloomberg)와의 인터뷰에서 다음과 같이 경고했다.

"전 세계 암호화폐의 99%는 결국 '0(Zero)'으로 수렴할 것이다. 오직 실제 세상의 문제를 해결하고 구조적 역할을 수행하는 1%만이 세상을 바꾸는 게임 체인저가 될 것이다."

우리는 8가지 필터를 통해 어떤 코인들이 그 1%에 가까운지 살펴보았다. 이제는 그 코인들을 어떻게 투자할지 고민해야 할 시간이다.

Chapter 2

FRAMEWORK
: 부를 쌓는 선순환 궤도
22개 뼈대

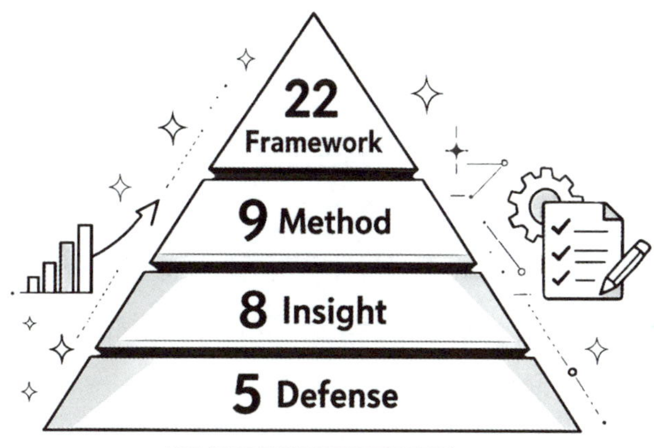

01

투자 공부, 절대로 많이 하지 마라

경제적 자유를 앞당기는 '스마트 투자자'의 선순환 시스템

우리는 앞서 어떤 자산이 미래의 W가 될 '보물'인지 확인했다. '무엇(What)'을 사야 할지 알았다면, 이제는 '어떻게(How)' 다룰 것인가를 배워야 할 차례다.

많은 전문가들이 말한다. "좋은 우량 자산을 샀으면 팔지 말고 묵혀둬라."

틀린 말은 아니다. 하나도 팔지 않고 여유 자금으로 꾸준히 모아가는 장기 투자는 가장 스트레스를 덜 받는 방법이자, 실패 확률을 낮추는 정석이다. 하지만 당신의 목표가 단순히 '돈을 버는

것'을 넘어, '경제적 자유의 시간을 획기적으로 단축시키는 것'이
라면 이야기는 달라진다. 여기에는 비교적 안전하면서도 역사적
으로 반복되어 온 '가속도의 법칙'이 존재한다. 이 법칙을 제대
로 이해하고 당신의 무기로 만든다면, 10년 걸릴 목표를 5년, 아
니 그보다 더 빠르게 달성할 가능성도 열린다.

핵심은 '가치'와 '가격'의 괴리를 이용하는 것이다. 우리가 8가지
필터로 선별한 코인들은 투기판의 도박 칩이 아니라, 미래의 거
대한 부(W)가 될 가능성을 가진 우량 자산이다. 하지만 아이러
니하게도, 가격이 폭등하고 대중의 광기가 몰려드는 순간, 이 고
귀한 우량 자산은 일시적으로 '투기 자산'의 성격을 띠게 된다.
스마트한 투자자는 바로 이 지점을 이용한다.

대중이 환호하며 불나방처럼 뛰어들 때(과열), 우리는 탐욕에 취
하는 대신 냉정하게 물량을 나누어 시장에 넘긴다. 반대로 거품
이 꺼지고 대중이 공포에 질려 도망칠 때(침체), 우리는 다시 돌
아와 더 많은 수량의 우량 자산을 상대적으로 낮은 가격에 담는
다. 이것이 단기 트레이딩과 구별되는 '자산 증식의 기술'이다. 단
순한 수익을 쫓는 것이 아니라, 내가 가진 '우량 자산의 개수'를
점진적으로 늘리는 행위다.

스마트 투자자들은 이 과정을 통해 자산이 눈덩이처럼 불어나는 '투자의 선순환'을 경험하며 초연함을 유지한다. 반면, 대부분의 개인 투자자(개미)들은 눈앞의 가격 변동에만 매몰되어 이 거대한 사이클을 보지 못하고 늘 엇박자를 탄다. 이 선순환 과정은 단순히 차트를 보는 기술이 아니다. 시장의 심리, 자산의 본질, 그리고 나 자신의 욕망을 입체적으로 바라보는 '관점의 이동'이 필요하다. 그래서 말로 설명하기는 쉽지만, 막상 실천하기는 어렵다. 하지만 걱정하지 말자. 지금부터 이어질 필자의 이야기를 하나씩 따라오다 보면, 당신은 어느새 복잡한 차트가 아니라 거대한 파도의 흐름을 읽게 될 것이다. 그리고 자연스럽게 스마트 투자자의 선순환 궤도에 진입해 있는 자신을 발견하게 될 것이다.

혹시 지금 당장 투자할 시드머니가 적어 망설여지는가? 지금 순자산이 100만 원도 없는 독자도 있을 수 있다. 하지만 괜찮다. 지금 가진 돈의 크기가 당신의 미래를 결정하지는 않는다.
우리는 단기적인 일확천금을 좇는 도박꾼이 아니다. 이 책을 통해 근본적인 투자 실력을 기르는 데 집중하자. 올바른 시스템과 투자 실력이 쌓이면, 돈은 자연스럽게 굴러와 눈덩이처럼 불어날 수 있다. 100만 원이 1천만 원이 되고, 1천만 원이 1억 원이 되는 변화는 요란하지 않게, 아주 조용히 시작된다.

미래의 승리는 '지금 가진 돈의 크기'가 아니라, '선순환의 궤도' 위에 올라탔는지에 따라 결정되기 때문이다. 이제 흔들리지 않는 그 견고한 투자의 뼈대를 세우러 가보자.

투자 공부, 절대로 많이 하지 마라

민약 경제적 지유를 얻기 위해 1,000가지이 투자 기법을 무두 공부해야 한다면 어떤 생각이 드는가?

"1,000개요? 하하 ··· 역시 경제적 자유는 아무나 얻는 게 아니군요." 대부분 이렇게 생각하며 지레 겁을 먹고 돌아서거나, 의욕만 앞서 덤벼들었다가 제풀에 지쳐 쓰러진다. 나는 이 책을 초등학생은 물론 남녀노소 누구라도 읽을 수 있도록 이해하기 쉽고, '재미있는' 책으로 만들고자 노력했다. 투자의 기술은 많이 알면 알수록 도움이 될 수 있다. 하지만 처음부터 모든 것을 다 하려 하면 결국 아무것도 하지 못하게 된다. 처음에는 '선택'과 '집중'을 통해 흔들리지 않는 '뼈대'를 세우는 것이 훨씬 효율적이다.

내 학창 시절 이야기다. 수학을 잘하고 싶은 마음에 서점을 뒤지다 《수학 공부 절대로 많이 하지 마라》라는 제목의 책을 발견했다. 내용이 너무 좋아 친구에게도 빌려주었는데, 며칠 뒤 우리는 서로의 이야기를 듣고 빵 터지고 말았다. 둘 다 집에서 그 책을 읽다가 부모님께 똑같은 잔소리를 들었기 때문이다.

"야! 수학은 한 문제라도 더 풀어봐야 실력이 늘지, 무슨《수학 공부 절대로 많이 하지 마라》같은 책이나 읽고 앉아 있어? 꼼수 부리지 말고 문제집 펴!"

하지만 부모님의 말씀과 달리, 그 책의 핵심은 '공부를 적게 하는 것'이 아니라 '핵심만 파고드는 것'이었다. 무작정 닥치는 대로 많은 문제를 푸는 게 능사가 아니다. 각 단원의 뼈대가 되는 핵심 유형을 먼저 '선택'하고, 그 문제들에만 '집중'해 반복 풀이하는 것이다. 그렇게 해서 먼저 안정적인 70~80점대에 도달하는 것이 이 학습법의 요지였다. (저자는 이를 '뼈대 학습법'이라 불렀다.)

일단 뼈대가 세워져 성적이 오르면 아이들은 '자신감'을 얻는다. 그리고 그 자신감을 바탕으로 시키지 않아도 스스로 어려운 문제에 도전하게 된다. 저자는 제자들이 불안해하며 "다른 문제도 풀어야 하지 않나요?"라고 물을 때마다 "그건 기우다"라며 핵심 문제만 반복시켰고, 결국 그 제자들은 반에서 1, 2등을 다투는 우등생이 되었다고 한다.

투자의 세계도 이와 놀라울 만큼 닮았다. 수능 수학을 공부할 때 의욕만 앞서 '집합' 단원만 파다가 지쳐서, 정작 중요한 '함수'는 구경도 못 하고 포기하는 수험생들이 얼마나 많은가? 영어 회화나 공무원 시험도 마찬가지다. 여러 권의 책을 기웃거리기보다 한 권의 기본서를 닳도록 파고드는 '반복 읽기'가 합격의 비결이라는 건 공공연한 사실이다.

처음부터 끝까지 모든 것을 완벽하게 하려는 욕심을 버리자. 효율적인 학습을 통해 작은 성공을 맛보고, "어? 나도 하니까 되네?"라는 자신감이 붙을 때 우리는 비로소 스스로 공부하고 자산이 불어나는 '투자의 선순환 궤도'에 진입하게 된다.

강세장과 하락장에서 당신을 지켜 줄 22개의 뼈대(Framework)

세상에 좋은 투자법은 차고 넘친다. 하지만 방법을 1,000개 아는 것보다 더 시급한 것은 어떤 파도에도 무너지지 않는 단단한 뼈대를 세우는 일이다. 그래서 이 책은 유행을 타는 잡다한 기술을 늘어놓지 않는다. 대신 필자가 엄선한 22개의 뼈대로 당신의 투자 골격부터 다시 세운다. 이 22개만 제대로 장착해도 당신은

"하지 말아야 할 투자"를 본능적으로 거르고, "해야 할 투자"를 실행할 통찰력을 갖게 될 것이다.

왜 하필 22개인가? 수비학(Numerology)에서 숫자 22는 '마스터 빌더(Master Builder)'라 불린다. 이는 꿈을 단순히 상상하는 데 그치지 않고, 현실에서 작동하는 견고한 시스템으로 구현해내는 힘을 상징한다. 이 책의 22개는 우연히 모인 숫자가 아니다. 당신을 '투자의 마스터'로 성장시키기 위한 3단계 설계도다.

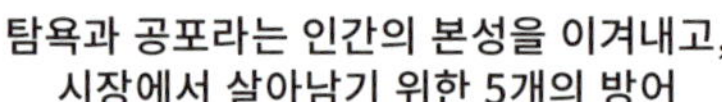

우리가 함께 세울 이 22개의 뼈대는 요행을 바라는 모래성이 아니다. 벽돌을 하나씩 쌓아 올리는 정직한 성공이며, 강세장의 불꽃(환희)에도 녹지 않고 하락장의 해일(공포)에도 쉽게 무너지지 않는 단단한 구조물이다.

지금부터 이 설계도를 따라 당신의 부(富)를 건축하라. 과정을 마칠 때쯤 당신은 예전과는 달라진, 경제적 자유라는 견고한 성(Castle)을 향해 나아가는 자신을 발견하게 될 것이다.

02

5가지 방어(Defense) 뼈대: 생존이 먼저다

투자의 파란 띠를 매자: 돈을 잃지 않는 법

22개의 티타늄 안에서도 분명한 순서가 있다. 필자는 독자가 가장 먼저 장착해야 할 5가지 기초 뼈대를 제안한다. 이해를 돕기 위해 격투기 이야기로 본질을 꿰뚫어 보자.

5년 수련한 보라색 띠가 길거리에서 얻어맞은 이유

어느 날, 실전 주짓수의 명가 '그레이시 주짓수 아카데미'의 헤너 그레이시에게 한 통의 전화가 걸려왔다. 전화를 건 사람은 다른 체육관에서 5년이나 수련해 상급자인 '보라색 띠(퍼플 벨트)'까지 받은 실력자였다. 그런데 그의 사연은 충격적이었다.

"일주일 전 길거리에서 시비가 붙어 싸움이 났는데, 격투기를 전혀 모르는 일반인에게 깔려서 얼굴을 얻어맞았습니다. 친구들이 말려줘서 망정이지, 정말 큰일 날 뻔했습니다."

그는 그레이시 아카데미의 영상을 보고 큰 충격을 받았다고 했다. 바닥에 깔렸을 때 주먹을 막는 '펀치 블록 시리즈'라는 기술을 난생처음 봤기 때문이다. 그는 분통을 터뜨렸다.

"도대체 왜 저는 5년이나 도장을 다녔는데, 이 기본적인 생존 기술조차 배우지 못한 거죠?"

이유는 간단했다. 그가 다닌 도장은 시합에서 점수를 따는 '스포츠 주짓수'만 가르쳤기 때문이다. 상대가 주먹을 휘두르는 상황(실전)을 가정하지 않았던 것이다. 그래서 5년을 수련하고도 막상 실전에서는 속수무책으로 당했다.

반면 그레이시 도장은 다르다. 입관하자마자 화려한 기술은 모두 제쳐두고, 오직 생존을 위한 36가지 호신술만 가르친다. 이 과정을 마쳐야만 '파란 띠(블루 벨트)'를 준다. 즉, 여기서 파란 띠는 '실전에서 얻어맞지 않고 생존할 수 있는 능력'을 증명하는 훈장이다. 화려한 공격 기술은 생존이 보장된 이후에 배워도 늦지 않다는 철학이다.

실제로 이곳의 파란 띠 수련생은 운동을 그만둔 지 6개월 뒤 고속도로에서 덩치 큰 상대와 싸움이 붙었지만, 몸이 기억하는 기본 기술로 상대를 제압하고 자신을 지켰다고 한다. 초기에 배운 생존 본능은 쉽게 잊히지 않는다. 이것이 바로 뼈대의 힘이다.

투자의 파란 띠: 살아남는 것이 먼저다

투자판도 이와 놀라울 만큼 닮았다. 우리가 먼저 배워야 할 것은 '화려한 수익'이 아니라, '어떤 상황에서도 치명적인 손실을 피하는 법(호신술)'이다. 전설적인 투자 거장들이 수익보다 '방어'를 먼저 외치는 이유가 여기에 있다.

> "투자의 핵심은 '안전 마진(Margin of Safety)'을 확보하는 것이다. 안전 마진이 있다면 미래를 정확히 예측할 필요조차 없다." _벤저민 그레이엄

> "투자의 제1원칙: 절대로 돈을 잃지 마라. 제2원칙: 제1원칙을 절대로 잊지 마라." _워런 버핏

> "내가 걱정하는 리스크는 '영구적인 자본 손실'이다." _하워드 막스

아마추어는 '얼마를 벌까'를 꿈꾸지만, 프로는 '얼마를 잃을까'를 먼저 계산한다.

개미 지옥은 하락장이 아니라 '강세장'에 열린다

그렇다면 개미들이 가장 크게 돈을 잃는 순간은 언제일까? 역설적이게도 하락장이 아니라 '강세장'이다. 모두가 환호하는 순간, 경계심이 풀린다. "이번엔 다르다"는 말이 달콤하게 들리고, 원칙보다 탐욕이 앞선다. 그래서 우리는 투자의 기본 중에서도 가장 먼저, '강세장의 불꽃에서 타지 않고 살아남는 법'부터 배워야 한다.

이 글을 읽고 나면 독자들은 앞선 주짓수 수련생처럼 탄식할지도 모른다.

"아…, 세력들이 이런 식으로 개미들을 흥분시켜 양털을 깎는군요. 그런데 왜 지금까지 다른 전문가들은 이걸 안 가르쳐 준 거죠?"

이유는 단순하다. 장사가 잘되지 않기 때문이다. 마케팅의 기본은 장점은 부풀리고 단점은 감추는 것이다. 강세장이 오면 "지금 사면 10배 갑니다!"라고 외쳐야 책도 팔리고 강의도 매진된다. "지금은 위험합니다. 사지 마세요"라고 하면 환영받기 어렵다. 하지만 시장은 늘 같은 결말을 반복해 왔다. 영원히 끝나지 않을 것처럼 느껴지는 환희의 끝에는, 고점에 물린 사람들이 남는다.

욕먹을 각오로 쓰는 '투자의 호신술'
가상화폐 시장에서 조언하는 사람들은 흔히 '개와 달리기 시합을 하는 숙명'을 마주한다고 한다.

개보다 늦게 도착하면? (하락장) → 개만도 못한 놈 취급
"네 말 듣고 샀는데 떨어졌다! 악마 같은 놈, 내 돈 물어내라!"

개랑 같이 도착하면? (횡보/조정장) → 개 같은 놈 취급
"사라며? 도대체 언제 오르냐? 나 늙어 죽겠다!"

개보다 빨리 도착하면? (상승장) → 개보다 더한 놈 취급

"팔라고? 더 오를 건데, 네가 뭔데 초를 쳐? 쫄보 같은 놈!"

이처럼 올바른 소리를 해도 욕을 먹는 게 이 바닥의 생리다. 하지만 필자는 전 세계 수많은 XRP Army들과 함께하며, 문창훈 작가님이나 유튜버 어슴새벽님처럼 '진짜 리더'들이 가는 길을 따르기로 결심했다. 그들은 눈앞의 이익을 위해 슈퍼사이클의 환상을 팔지 않는다. 오히려 끊임없이 경계하고 멘탈을 붙잡아 준다.

나 또한 마찬가지다. 당장 이 책이 덜 팔리고, "왜 돈 벌 기회를 막느냐"고 욕을 먹더라도 감수할 것이다. 나는 강세장에서 여러분에게 "더 사세요"라고 부추기기보다, "지금은 위험할 수 있습니다. 급락 가능성까지 열어두고 분할 전략을 준비하십시오"라고 말할 것이다. 그것이 당장은 불편하게 들릴지라도, 훗날 여러분의 계좌를 지켜준 '최고의 방어 기술'이었다는 것을 깨닫게 될 날이 올 것이라 믿는다.

자, 이제 '투자의 파란 띠'를 매러 가보자. 필자가 제시하는 5가지를 먼저 장착한다면, 당신은 강세장의 광기 속에서도 쉽게 흔들리지 않는 티타늄 멘탈을 갖게 될 것이다.

강세장에서 큰 수익을 보는 사람들은 어떤 사람들일까? 그들은 과거 하락장에서 '지금 투자한 가격에서 더 떨어질지도 모른다'는 공포를 담대함으로 극복했고, '언제 오를지 모르겠다. 영원히 오르지 않을 것 같다'는 지루함을 인내로 버텨낸 사람들이다. 즉, 그들은 '공포'와 '시간'이라는 표값을 치른 정당한 승객들이다.

세력은 바닥에서 어깨까지 가격을 급하게 들어 올려, '고통을 견딘 승객'에게만 초반 수익을 먼저 안겨준다. 그리고 뒤늦게 헐레벌떡 뛰어온 사람들에게는 아주 비싼 입장권(고점 물량)을 넘긴다. 열차가 문을 닫고 출발하면, 뛰어오는 사람은 태워주지 않는다. 그것이 무임승차 금지의 법칙이다.

낮은 가격에서 담대함으로 매수하지 못했고, 지루함을 인내로 버티지 못했다면? 냉정하게 인정하자. 그 수익은 애초에 내 것이 아니다. 투자의 많은 비극은, 값을 치르지 않았으면서 수익을 당연히 내 것이라 여기는 조급함에서 시작된다. 투자 커뮤니티나 유튜브 댓글을 보라. 자신이 투자한 종목이 손실이라며 욕하고,

조롱하고, 부정적인 이야기를 쏟아내는 사람들. 그들 중 상당수는 공포에 매수하지 못하고 환희에 매수했던 사람들이다. 문제는 종목 그 자체라기보다, 공포와 시간이라는 정당한 대가를 치르지 않은 채 수익을 요구하는 태도에 있다.

# 1. 소유권의 인정(정당한 대가)

강세장의 불꽃에서 당신을 지켜줄 첫 번째 뼈대를 가슴에 새기자.

"강세장의 수익은, 공포를 담대함으로 사고 지루함을 인내로 견딘 자들의 몫이다. 값을 치르지 않았다면, 욕심내지 말고 다음 열차를 기다려라."

나는 이에 해당하는가? 그렇지 않다면 과감하게 강세장의 유혹을 뿌리쳐라. 준비되지 않은 자가 강세장에 무리하게 뛰어드는 순간, 세력은 당신을 고점에 매달아 놓고 유유히 떠날 것이다.

우리는 막연한 예측이 아니라 냉철한 원칙으로 살아남아야 한다.

[Tip. 투자로 계속 수익을 낼 수 있다는 자부심]

"운이 좋았다고? 아니, 나는 실력으로 증명했다."

훗날 여러분이 필자가 추천한 XRP와 우량 코인들에 투자하여 의미 있는 성과를 얻게 되었을 때, 그것을 단순한 '운'이라고 깎아내리는 사람들에게 위축될 필요는 없다.

대다수는 이렇게 말한다.

"아, 내가 그때 그 자산 샀으면 절대 안 팔고 지금까지 들고 있었을 텐데."

"그때 샀으면 나도 지금쯤 부자가 되었을 텐데."

심리학에서는 이를 '사후 확신 편향(Hindsight Bias)'이라 부른다. 일이 모두 끝난 뒤에야 "나는 결과를 알고 있었다"고 착각하는 인지 오류다. 과거의 불확실성과 공포는 지워버리고, 현재의 결과만 놓고 '과거의 나'를 과대평가하는 것이다. 하지만 말과 행동은 다르다.

정말 '저평가된 가치를 알아보고 버틸 줄 아는 사람'이라면, 지금 이 순간에도 아직 외면받는 자산을 조용히 모으고 있어야 한다. 만약 지금 그렇게 하고 있지 않다면, 결과만 보고 말하는 사람일 가능성이 높다. 고점과 저점을 정확히 알고 완벽하게 매매하는 유일한 방법은 '타임머신'을 타는 것이다. 그런 것은 존재하지 않는다. 그러니 자부심을 가져도 된다. 그것은 운이 아니라, 공포와 시간이라는 표값을 치른 결과다.

여러분은 단순히 운 좋게 돈을 번 사람이 아니다. 미래에 우량 자산을 낮은 가격에서 담대하게 매수하고, 모두가 떠날 때 지루함을 인내로 버텨낸 사람으로 평가받게 될 것이다.

개미들은 급등했다가 바로 급락하면 공포심에 사지 못한다. 세력은 이를 알기에 바닥에서 어깨까지 올린 후, 어깨 구간에서 아주 길고 '편안하게' 횡보를 하며 개미들을 안심시킨다.

"와, 이만큼 올랐네. 근데도 안 떨어지네? 역시 이게 대세인가 봐."

이때 쏟아지는 호재 뉴스와 장밋빛 전망은 그리스 신화의 세이렌과 같다. 아름다운 노래(호재, 차트 안정화, 전문가의 확신)로 뱃사공(개미)을 홀려, 결국 암초(고점)로 유도해 배를 난파시킨다.

그 노래는 이렇게 속삭인다.

"너는 지금 진정한 투자 고수가 될 수 있어."
"힘들게 일하지 말고 투자로 쉽게 벌어."

바닥에 있을 땐 쳐다보지도 않던 자산이, 강세장이 되어 가격이 폭등하니 갑자기 '우량 자산'으로 보이기 시작한다. 개미들은 그 환희에 취해 '가치 투자'라는 명목으로 비싼 가격에 전 재산을 털어 넣는다.

진정한 가치 투자라면 하락장 때 "와! 바겐세일 기간이네!"라며 함박웃음 짓고 사야 한다. 그러나 가격이 하락하면 무서워서 못 사고, 가격이 오르면 추격 매수하거나 고점에서 횡보할 때야 비로소 안심하고 매수하는 것. 과연 이것이 가치 투자인가?

착각하지 말자. 가치 투자는 하락장에서 저평가된 자산을 '싸게' 사는 것이지, 강세장에서 이미 비싸진 자산을 '더 비싸게' 사는 것이 아니다. 그건 가치 투자가 아니라, 가치 투자의 탈을 쓴 '투기'일 뿐이다.

 진정한 투자의 고수는 무릎에 사서 어깨에 파는 사람이다. 어깨에 사서 정수리(머리) 끝에서 팔아보겠다고 덤비는 사람은 고수가 아니라 도박꾼이다.

2. 감정의 0점 조절(내면의 통제 Internal Control)

세이렌의 노래(호재와 환희)가 들릴 때, 암초(고점)로 향하는 당신을 묶어줄 두 번째 뼈대를 세우자.

"뉴스가 호재로 도배되고 차트가 아름다워 보일 때가 가장 위험한 순간이다. 대중이 환호하면 팔고 떠날 준비를 하고, 대중이 불평하고 비난하면 들어갈 준비를 하라."

지금 당신의 눈에 그 사산이 너무나 매력직이고 인진해 보이는가? 그렇다면 조심하라. 당신은 지금 세이렌의 노래를 듣고 있을 가능성이 있다. 귀를 막고, 눈을 감고, 감정의 온도를 차갑게 식혀라. 환희는 종종 매수의 신호가 아니라, 리스크 관리 신호다. 편안함은 안전의 증거가 아니라, 이미 늦었다는 신호이자 끝났다는 신호일 때가 많다.

고수는 '불편할 때' 사고 '편안해졌을 때' 팔며 자산을 늘려가지만, 하수는 '편할 때' 사고 '불편할 때' 팔아서 자산을 증발시킨다.

"모두가 올라간다는 것을 확신할 때 강세장은 끝난다."

하워드 막스 - 강세장의 3단계

1단계: 소수의 통찰력 있는 투자자들만이 상황이 호전될 것이라 믿는 시기.

2단계: 대부분의 투자자들이 실제로 상황이 좋아지고 있음을 깨닫는 시기.

3단계: 모든 사람이 상황이 계속 좋아질 것이라 확신하는 시기.

핵심 포인트: 하워드 막스는 늘 "1단계에 산 사람은 큰 수익을 얻을 가능성이 높지만, 3단계에 산 사람은 큰 손실을 입기 쉽다"고 경고했다.

역사는 거짓말을 하지 않는다. 2017년과 2021년, 두 번의 불장에서 개미와 고래가 어떻게 엇갈렸는지 비교해 보자.

2017년 불장: '가즈아'의 비극(지루한 400달러대 -> 광기의 2만 달러)

2016년 개미들은 비트코인 가격이 지루하게 움직이자 욕을 하며 470달러 바닥에서 매도했다. 반면 고래들은 아무 말 없이 그

물량을 받아먹으며 매집했고, 2017년 12월 가격은 약 19,834달러(약 42배)까지 치솟았다.

문제는 '이성적인 투자자'가 아니라 '확신에 취한 대중'이 마지막에 들어온다는 것이다. 그들은 2만 달러 꼭대기에서 "지금이라도 사야 해!"라며 너도나도 살얼음판 위로 뛰어들었다. 그리고 그 대중이 올라탄 얼음판은, 결국 무게를 견디지 못했다. 2018년 말 비트코인은 3,200달러대(-84%)까지 추락했고, 개미들은 3년이라는 긴 '크립토 윈터'를 고통 속에 견뎌야 했다.

결과: 하락장의 공포 속에서 매수한 스마트 개미는 최대 42배의 수익을 얻었지만, 상승장의 환희에 진입한 개미들은 최대 -84%의 폭락을 맞았다.

2021년 불장: '이번엔 다르다'의 착각(공포의 3,800달러 -> 확신의 6만 9천 달러)

역사는 반복됐다. 2020년 3월, 코로나 팬데믹의 공포 속에서 비트코인이 3,867달러까지 급락하자 개미들은 바닥에서 손절했다. 반면 고래들은 이번에도 조용히 매집을 이어갔다. 이후 2020년 8월 마이크로스트래티지, 10월 스퀘어, 21년 2월 테슬라가 비트코인을 샀다는 뉴스가 이어졌고, 모건스탠리는 고액자산가용 펀드를 출시했다. 가격은 6만 9천 달러(약 17배)까지 폭등했다. 3,800달러에 팔았던 개미들은 또다시 절망했고, 고래들은 엄청난 차익을 남겼다.

문제는 그 다음이었다. 6만 9천 달러 고점에서 "기관이 샀으니 이번엔 1억 원 간다"는 장밋빛 환상에 취해 수많은 개미가 막차를 탔다. 그러나 그들이 올라타자마자 거짓말처럼 폭락이 시작됐다. 금리 인상과 루나·FTX 사태가 터지며 비트코인은 15,000 달러까지(-77%) 추락했고, 뒤늦게 뛰어든 개미들은 큰 손실을 떠안았다.

결과: 하락장의 공포에 매수한 투자자는 최대 17배의 수익을 얻었지만, 상승장의 환희에 투자한 개미는 최대 -77%의 폭락을 맞았다.

[Tip. 고래와 개미의 결정적 차이]

고래: 저점에서 꾸준히 매수했다가, 어깨 구간부터 조금씩 물량을 정리한다. 그리고 개미들이 몰려와 환호할 때 남은 물량을 넘기고 유유히 시장을 빠져나간다.

개미: 저점에서는 공포에 떨며 팔거나 구경만 한다. 어깨 즈음에

서야 "어?" 하고 조금 사기 시작한다. 그리고 가격이 머리 꼭대기까지 오르면 확신에 차서 대출까지 받아 더 큰 금액을 쏟아붓고, 결국 고점에 묶이기 쉽다.

투자에서 성공하려면 개미의 뒷북이 아니라, 고래의 선점을 따라가야 한다. 우리는 온체인 지표로 고래의 움직임을 엿볼 수 있지만, 그들이 정확히 '언제, 얼마나' 팔지는 아무도 모른다. 그렇기에 우리에겐 욕심을 제어할 세 번째 뼈대가 필요하다.

 **3. 생선 머리의 미덕(여백의 미학)**

살얼음판이 깨지기 전에 탈출하기 위해 세 번째 뼈대를 세우자. "적당히 먹으려 하면 배불리 먹을 수 있고, 머리까지 다 먹으려 하면 가시에 찔릴 수 있다. 최고점에 팔겠다는 욕심을 버려라. 상승할 때마다 비율을 높여 나누어 팔아라. (예약 분할 매도를 활용해도 좋다.) 모두 팔지 말고 일정 부분은 남겨두자. 더 오르면 남은 물량을 더 비싸게 팔 수 있고, 강세장이 끝나도 이미 상당한 수익을 확보한 상태가 된다."

주식 격언에 "생선 머리와 꼬리는 고양이에게 주라"는 말이 있다. 최저점에 사서 최고점에 파는 것은 신의 영역이다. 인간이 그

완벽함을 노리다가는 탐욕에 휘둘려 매도 타이밍을 놓치기 쉽다.

고래가 던지는 물량 폭탄에 휘말리지 않으려면, 그들보다 한 발자국 먼저, 조금 덜 먹고 나오는 '여백의 미학'을 실천해야 한다.

강세장에서는 거의 모든 종목이 상승하지만, 절대 '동시에' 오르지는 않는다. 자금은 마치 회전목마처럼 돌고 돈다. 비트코인이 먼저 달리고 나면, 이후 메이저 알트코인으로, 마지막에는 소형 알트코인으로 순환하며 상승의 파도를 만든다.

하지만 개미들은 이 '순서'를 기다리지 못한다. 내 종목은 잠잠한데 옆 동네 코인이 50%, 100% 폭등하는 것을 보면 심장이 뛴다. "아, 저게 진짜인가 보다. 내 건 망했어."

결국 지루함을 견디지 못하고 내 종목을 손절한 뒤, 이미 급등하고 있는 종목에 올라탄다. 바로 그 순간, 비극은 시작된다. 내가 막 올라탄 급등 종목은 조정을 받으며 내려앉고, 방금 내가 팔고 나온 그 종목이 보란 듯이 폭등하기 시작한다.

투자자들은 억울해하며 이렇게 외친다. "내가 팔면 오르고, 내가 사면 떨어지네! 누가 내 계좌 보고 있나?"

누가 내 계좌를 보고 있는 게 아니다. 당신이 회전목마의 원리를 무시하고, 오르는 말만 쫓아다니는 '추격 매수'의 덫에 걸렸기 때문이다.

4. 뚝심의 원칙(기다림의 미학)

남의 떡이 더 커 보일 때, 당신의 엉덩이를 의자에 붙들어 맬 네 번째 뼈대를 세우자.

"강세장의 자금은 돌고 돈다. 당신이 보유한 자산이 우량하다면, 반드시 당신의 차례는 온다. 이리저리 옮겨 다니면 수수료와 손실만 쌓일 뿐이다. 차분하게 내 차례를 기다리는 '뚝심'이 수익을 만든다."

워런 버핏은 "주식 시장은 인내심 없는 사람의 돈을 인내심 있는 사람에게 이동시키는 도구다"라고 말했다.

코인 시장도 똑같다. 옆 종목이 오를 때 부러워하지 마라. 그건 그저 그들의 순서가 먼저 왔을 뿐이다. 이미 출발해 버린 버스를 쫓아가려 하지 마라. 매연만 마시고 다리만 아플 뿐이다. 정류장에서 기다리면 당신을 태워줄 다음 버스는 반드시 온다.

기억하라. 강세장에서 잦은 갈아타기는 수익 전략이 아니라, 손실을 키우는 행동이 되기 쉽다. 강세장에서 큰 수익을 내는 사람은 바쁘게 사고파는 사람이 아니라, 좋은 자산을 꽉 쥐고 기다릴 줄 아는 사람이다.

[Tip. 강세장 자금의 이동 순서]

자금은 높은 곳에서 낮은 곳으로 흐른다. 이 낙수 효과(Trickle-Down)를 기억하자.

1. 안전 자산 & 원자재(Gold, Silver, Oil): 위기가 오거나 인플레이션 조짐이 보이면 가장 먼저 반응한다.

2. 주식 시장(Stocks-KOSPI, NASDAQ): 경기가 회복된다는 신호가 오면 스마트 머니가 기업의 실적을 보고 주식으로 이동한다.

3. 가상화폐(Crypto): 낙수효과가 가장 늦게 도착하지만, 가장 폭발적으로 터지는 곳이다.

주의사항: 맹목적인 믿음은 금물이다. 앞서 언급했듯 현재 비우량 알트코인의 개수는 수백만 개에 달한다. 2021년처럼 모든 코인이 동시에 오르는 장면이 반복될 것이라 단정하는 것은 위험하다.

당신이 쥔 것이 '돌멩이'가 아니라 '보석(우량 자산)'이어야 한다. 확신이 있는 우량 자산이라면 흔들리지 말고 차분히 당신의 차례를 기다려라. 그 뚝심이 결국 큰 차이를 만든다.

당신이 쥔 것이 '돌멩이'가 아니라 '보석(우량 자산)'이어야 한다. 확신이 있는 우량 자산을 보유했다면, 흔들리지 말고 차분하게 당신의 차례를 기다려라. 그 뚝심이 당신에게 큰 수익을 선물할 것이다.

방어 뼈대 5   성동격서의 법칙 _ 소수결의 원칙

"동쪽에서 소란을 피우고, 서쪽을 친다."
(모두가 보는 곳에 정답은 없다.)

세력의 가장 큰 무기는 자금력만이 아니다. 바로 '대중의 심리를 역이용하는 패턴 파괴'다. 그들은 대중이 학습한 패턴을 반복하는 대신, 결정적인 순간에 깨뜨린다.

2025년의 배신: "예고된 잔치는 열리지 않는다."

수많은 코인 전문가와 차트 분석가들은 2017년, 2021년의 4년 주기 반감기 패턴을 근거로 "2025년은 무조건 불장이다"라고 예측했다. 하지만 결과는 어떠했는가? 시장은 그 기대만큼 단순하게 움직이지 않았다.

이유는 간단하다. 너무 많은 사람이 같은 시나리오를 기대하고 있었기 때문이다. 세력은 개미들이 잔뜩 탄 무거운 열차를 쉽게 출발시키지 않는다. 오히려 후진해 승객을 털어내거나, 모두가 지쳐 내릴 때까지 시동을 끄고 기다린다.

XRP의 역설: "호재는 개미 꼬시기용 미끼다."

XRP 수혜가 확실시되던 'ISO20022 전면 도입(2025년 11월 의무화)'이 이루어졌고, 현물 ETF 출시로 기관 자금 유입까지 현실화되었다. 하지만 가격은 예전 동전 가격보다는 올랐을지언정, 수많은 투자자가 기대했던 전고점 돌파는 일어나지 않았다.

분명히 유동성 공급, 스테이블코인 예치량 증가, 고래들의 매집 등 '데이터상의 불장 조건'은 25년 말부터 충족되었다. 그런데도 폭발하지 않았다. 전문가들의 예측도 보기 좋게 빗나갔다.

이것이 바로 성동격서(聲東擊西)다. 세력은 뉴스(동쪽)로 개미들의 시선을 끌어모은 뒤, 가격(서쪽)을 짓눌러 지루함에 지쳐 떨어져 나가게 만든다. 참여자가 많아질수록, 시장의 난이도는 기하급수적으로 높아진다. 시장은 언제나 '다수가 아닌 소수를 선택하는 방향'으로 흘러간다.

5. 소수결의 원칙(고독의 길)

모두가 "지금이야!"라고 외칠 때, 혼자서 침묵할 수 있는 마지막 뼈대를 세우자.
주식과 코인 시장은 '다수결'이 아니라 '소수결'로 움직인다. 모두가 아는 호재는 악재가 되고, 모두가 아는 악재는 이미 가격에 반영된 호재가 된다.

이유는 단순하다. 시장은 의견의 숫자가 아니라, 자본의 크기로 움직이기 때문이다. 대중은 숫자는 많지만 자본은 작고, 움직임은 언제나 느리다. 그들이 확신을 가질 때는 이미 가격이 충분히 오른 뒤인 경우가 대부분이다. 반면 소수의 자본(세력, 스마트 투자자)은 의견이 퍼지기 전에 움직이고, 확신이 생기기 전에 매수하며, 환호가 터질 때 조용히 빠져나간다.

전문가들이 틀렸다고 비난할 필요는 없다. 그들의 말이 대중에게 퍼지는 순간, 그 정보는 이미 시장에 흡수되었을 가능성이 높다. 시장은 종종 가장 많은 사람이 믿는 방향과 다르게 움직인다. 그러니 예측에 집착하지 말고, 원칙에 따라 대응하라.

대중이 틀리는 결정적인 두 순간, 우리는 정반대로 움직여야 한다.

1) 대중이 "시즌 종료"를 외치며 떠날 때(기회의 시간)
대중이 "이번엔 강세장 없다"고 단정하며 시장을 떠날 때, 우리는 공포를 이기고 자리를 지켜야 한다. 여유 자금이 없다면 꽉 붙들고 홀딩(Holding)해야 하며, 여유 자금이 있다면 매일 적은 금액이라도 분할 매수(DCA)를 이어가야 한다.

첫 번째 방어 뼈대에서 말했듯, 가상화폐 시장은 강세장이 시작되면 어느 순간 거대한 장대양봉으로 개미들의 진입 자체를 차단한다. 시장은 오랫동안 올랐다 내렸다를 반복하며 사람들을 지치게 만들고, 오를 때마다 "이번에도 속임수겠지"라고 믿게 만든다. 혹은 추격 매수한 사람에게는 의도적으로 깊은 조정과 횡보를 주어 조금만 반등해도 모두 팔게 만든다.

우리가 붙들어야 할 것은 "몇 년 몇 월에 오른다"는 예언이 아니라, "가치는 결국 가격에 수렴하려는 경향이 있다"는 본질이다. 그 시간을 견딜 수 있는 소수만이 큰 수익 구간에 동승한다. 기억하라. 2021년, 알트코인 강세장은 없다고 모두가 말했지만 이더리움은 약 20배 가까이 상승했다.

2) 대중이 "슈퍼 사이클"을 외치며 환호할 때(위기의 시간)

대중은 강세장이 오기 전에는 강세장을 믿지 않는다. 그러다 가격이 충분히 오른 뒤, 비싼 가격에 큰돈을 투자한 다음 "이번엔 다르다"며 슈퍼사이클을 주장한다. 주식 시장의 닷컴 버블, 2017년과 2021년 가상화폐 시장에서 역사는 반복해서 증명했다. 모두가 돈을 버는 시장은 존재하지 않는다. 강세장이 시작될 때는 더 사야 할 시기가 아니라, 냉정하게 팔 준비를 시작해야 할 시기다.

대중들에게 관심이 없는 하락장과 조정장에 분할 매수(DCA)를 하라. 강세장이 오면 한 번에 팔지 말고 비율을 나눠 분할 매도하라.

가격이 더 오르면? 남겨둔 물량으로 수익을 극대화하면 된다.

가격이 내리면? 이미 충분히 좋은 가격에서 수익을 실현했기에 안전하다.

이렇게 하면 최고점에서 팔지 못하더라도 '어깨' 구간에서 정리할 수 있다. 어깨에 사서 머리에 파는 투기가 아니라, 바닥에 사서 어깨에 파는 투자를 해야 실력이 쌓인다. (구체적인 실행법은 이후 챕터에서 다룰 것이다.)

기억하라. 민주주의는 다수결이지만, 자본주의는 소수 자본이 방향을 만든다. 투자 시장에서 성공은 늘 소수의 몫이었고, 그 소수는 고독을 견딘 사람들이었다.

방어 뼈대 1 — 무임승차 금지 & 소유권의 인정
(공포에 사야 내 것 – 정당한 대가)

방어 뼈대 2 — 세이렌의 법칙 & 감정의 0점 조절
(환희에 경계하라 – 내면의 통제)

방어 뼈대 3 — 살얼음판의 법칙 & 생선 머리의 미덕
(대중이 확신할 때 비중을 줄여라 – 여백의 미학)

방어 뼈대 4 — 회전목마의 법칙 & 뚝심의 원칙
(내 차례를 기다려라 – 기다림의 미학)

방어 뼈대 5 — 성동격서의 법칙 & 소수결의 원칙
(군중 심리에 휩쓸리지 말라 – 고독의 길)

이 5가지는 서로 연결되어 있다.

"공포에 사고(1), 남들이 환호할 때 경계하고(2), 욕심을 덜어내며(3), 내 순서를 기다리고(4), 군중 심리에 휘둘리지 않는 고독을 감수하라(5)."

이 5가지를 실천한다면, 당신은 시장의 패턴에 휘둘리지 않고 끝까지 생존할 수 있다. 그리고 비로소 '투자의 파란 띠'를 허리에 매게 될 것이다.

> "공포에 사고, 환희에 팔고, 확신에서 떠나라. 갈아타지 말고 고독해져라." _XRP KOREA ARMY 합정대형

03

8가지 통찰(Insight) 뼈대:
시장의 흐름을 읽어라

보이지 않는 적을 보이게 만드는 기술

베트남전에 참전했던 한국 군인들의 회고록을 보면 공통적으로 등장하는 이야기가 있다. 그들은 눈앞에서 총알이 빗발치는 교전 상황보다 '보이지 않는 적'이 주는 고요한 공포가 훨씬 더 견디기 힘들었다고 말한다. 언제, 어디서, 어떻게 공격해 올지 모른다는 불확실성은 인간의 정신을 잠식한다. 실제로 아무런 공격이 없는 침묵 속에서도, 그 보이지 않는 공포를 이기지 못해 극심한 불안을 겪는 병사들도 있었다고 한다. 상대하기 가장 무서운 적은 '보이지 않는 적'이다.

투자도 전쟁과 닮았다. 시장이 하락할 때 개미들이 패닉에 빠져 손절하는 이유는 단순히 돈을 잃어서가 아니다. "도대체 왜 떨어지는지", "언제까지 떨어질지"를 알 수 없기 때문이다. 원리를 모르면 시장은 칠흑 같은 어둠 속에 숨어 있는 저격수처럼 느껴진다. 투자금이 클수록 그 공포는 더욱 증폭되어 이성을 흐리게 만든다.

그래서 나는 이번 챕터에서 8가지 뼈대를 통해 어둠 속에 숨은 적을 빛 아래로 끌어내리려 한다. 이것은 보이지 않는 적을 보이게 만들고, 두려움을 이해로 바꾸는 과정이다. 생각해 보자. 신입 사원 때는 전화 한 통 받는 것도 두렵고 떨리지만, 업무의 흐름을 파악하고 베테랑이 되면 여러 가지 일을 동시에 처리하면서도 커피를 마실 여유가 생긴다.

투자의 세계도 마찬가지다. 이 8가지 뼈대를 통해 왜 폭락이 오는지, 왜 조정이 길어지는지, 왜 소수만 돈을 버는지 '시장의 메커니즘'을 이해하고 나면, 남들이 비명을 지르는 하락장에서도 당신은 이렇게 말할 수 있을 것이다.

"아, 이거 이미 책에서 배운 흐름이네. 예상 범위 안의 움직임이야."

기억하라. 모든 성공의 기본은 '초연함'을 유지하는 것이다. 양자 역학에서는 관찰자의 개입이 결과에 영향을 미칠 수 있다는 해석이 있다. 투자도 유사하다. 지나친 집착과 조바심은 시야를 좁히고, 충동적 결정을 유도한다. 그 집착이 오히려 수익을 멀어지게 만든다. 이제부터 세울 8가지 뼈대는 당신이 시장의 파도 속에서도 중심을 잃지 않고, 감정에 휘둘리지 않는 단단한 멘탈을 만드는 토대가 될 것이다.

이제 우리는 '가격'을 좇는 사람이 아니라, '돈의 흐름'을 읽는 사람이 되려 한다.

통찰 뼈대 6 ｜ 도축의 법칙

"불리한 확률 게임에 자신을 올려놓지 마라."

"주인(세력)이 돼지(개미)에게 사료(작은 수익)를 계속 주는 이유는 단 하나다. 사랑해서가 아니라 살을 찌워 한꺼번에 잡아먹기 위함이다."

선물 투자: 강제 청산(도살)

현물 투자: 고점에 물려 폭락(감금)

"잽(Jab)을 100번 맞춰도, 훅(Hook) 한 방이면 끝난다."

격투기에는 체급이 존재한다. 개미(라이트급)가 아무리 기술을 부려도 거래소와 세력(헤비급)이 작정하고 휘두르는 훅 한 방이면 그대로 KO 당한다. 이것이 선물 시장의 '도축 시스템'이다.

많은 개미가 "고배율은 위험하지만, 2~3배 저배율은 안전하다"고 착각한다. "안전하게 큰돈을 굴리겠다"는 그 생각 자체가 세력이 파놓은 함정이다.

역사를 보라. 2017년 강세장 직전, 바이낸스에서 XRP가 0.2달러에서 0.0002달러까지 순식간에 -99% 폭락(Flash Crash)했다. 가깝게는 2025년 10월 11일, XRP가 하루 만에 0.75달러까지 비정상적으로 폭락했던 날을 기억하는가? 그날 밤, 가상화폐 커뮤니티는 비명으로 가득 찼다.

"이게 꿈인가 생시인가 싶다. 코인 5년 차라 선물 위험한 거 알아서 안전하게 3배로만 운영했다. 근데 3배가 청산당하는 게 말이 되나? 대출 2억 끌어서 1년 만에 10억 만들었는데, 그게 하룻밤 만에 0원이 됐다. 진짜 꿈이었으면 좋겠다.”

“한 달 전까지만 해도 수십억 수익 중이었는데… 고점에서 3배 재진입했다가 물려서 기도만 했다. 결국 아까 청산 알람 울렸다. 실감이 안 난다. 나 이제 어떻게 사냐…”

그날 3배, 심지어 2배의 초저배율을 썼던 수십, 수백억 단위의 고래 개미들마저 모조리 청산당했다. 세력은 당신의 청산가를 알고 있다. 그들은 차트의 꼬리를 길게 늘어뜨려(장대음봉) 당신의 목숨줄을 끊어놓고 유유히 다시 가격을 올린다.
선물 투자는 배율이 낮더라도 절대 하지 마라. 마찬가지로 국내 거래소의 ‘코인 빌리기(대차 서비스)’ 역시 빚을 내어 파멸로 가는 지름길임을 명심하라.

현물 투자자 감금: “역사는 7단계로 반복된다.”

현물 투자자라고 안전할까? 세력은 그들을 청산시키지 않는다. 대신 ‘고점’이라는 감옥에 가둬버린다.

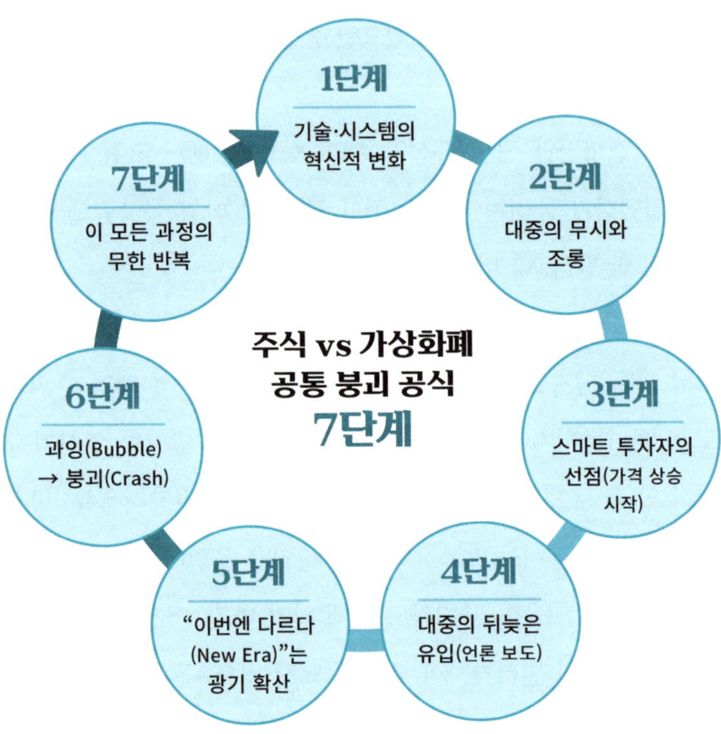

이 패턴은 자본주의 역사상 단 한 번도 깨진 적이 없다.

강세장 정점이 오면, 개미들은 항상 드라마 속 주인공처럼 애절한 눈빛으로 묻는다.
"지금 들어가도 될까요?"

양심 있는 스마트 투자자라면 이렇게 말할 것이다.

"아니요. 지금은 사야 할 때가 아니라, 팔고 떠나야 할 때입니다."

투자는 바닥에 사서 어깨에 파는 것이다. 어깨에 사서 어딘지도 모를 머리 꼭대기에 팔겠다는 욕심은 투자가 아니라 투기다. 대중 참여의 정점은 곧 파티의 끝을 의미한다.

도파민 중독: "쉽게 번 돈은 쉽게 사라진다."
신물 투지지는 왜 청산당하고, 현물 투자자는 왜 고점에 물릴까? 지식 부족이 아니다. '도파민 중독' 때문이다. 조정장과 하락장의 지루함을 견디지 못하고, 운 좋게 몇 번 번 돈(사료)에 취해 뇌가 망가진 것이다. 도파민에 절여져 절제력을 잃은 뇌는 결국 시장에 모든 것을 반납하게 된다.

기억하라. 자본 시장은 철저한 소수 자본 중심이다. 소수가 반복하는 행동(인내, 현물, 저점 매수)에는 이유가 있고, 그들이 반복하지 않는 행동(선물, 추격 매수)에는 더 큰 이유가 있다.

도축 당하는 돼지가 될 것인가, 아니면 도축 시스템 밖에 서 있을 것인가? 스마트 투자자는 애초에 확률이 불리한 게임에 자신을 올려놓지 않는다.

"밤이 깊을수록 새벽이 가깝고, 해가 중천에 뜨면 그림자는 길어지기 시작한다. 영원히 오르는 자산도 없고, 영원히 내리는 자산도 없다."

시장은 직선으로 움직이지 않는다. 시장은 양극단을 오가는 '거대한 시계추(Pendulum)'와 같다. 하지만 대다수의 투자자는 이 단순한 진리를 망각한 채, 시장의 현재 모습이 미래의 전부일 것이라는 '영원성의 환상'에 빠진다.

환상의 오류: "인간의 본능을 거스르는 공포와 탐욕"

왜 개미들은 바닥에서 팔고 꼭지에서 살까? 그 배경에는 '최신 편향(Recency Bias)'이 있다. 지금 보고 있는 장면이 가장 중요한 진실이라고 착각하는 인간의 본능이다. 인간의 뇌는 최근에 일어난 일이 미래에도 계속될 것이라고 쉽게 믿는다.

하락장(겨울): 가격이 계속 떨어지면, 사람들은 이 하락이 영원히 지속되어 결국 '0원'이 될 것이라는 공포에 사로잡힌다. 그래서 가장 싼 가격(바닥)에 공포를 이기지 못하고 손절하거나 매수를 포기한다.

상승장(여름): 반대로 가격이 치솟으면, 이 상승이 영원히 이어져 '벼락부자'가 될 것이라는 환상에 빠진다. 그래서 가장 비싼 가격(상투)에 전 재산과 대출까지 끌어와 물타기를 한다(FOMO).

기억하라. 대중이 "이제 끝났다"고 절망할 때가 시계추의 방향이 바뀔 가능성이 커지는 시점이며, "이제 시작이다"라고 환호할 때가 반대쪽으로 꺾일 위험이 높아지는 시점이다.

시장의 중력: "시계추는 반드시 되돌아온다."

시장의 역사는 극단(Polarity)과 극단의 반복이었다.

2018년 비트코인 폭락장: 비트코인이 2,000만 원에서 300만 원대로 -80% 넘게 폭락했을 때, 뉴스는 "비트코인은 죽었다"고 대서특필했다. 하지만 그 순간이 역사상 가장 완벽한 매수 구간 중 하나였다.

2021년 불장: 비트코인이 8,000만 원을 돌파하자, 사람들은 "1억, 5억 간다"며 너도나도 뛰어들었다. 하지만 그 순간이 지옥으로 가는 급행열차의 출발 시간이었다.

시계추가 한쪽(탐욕)으로 높이 올라갈수록, 반대쪽(공포)으로 떨어지는 속도와 파괴력은 더 커진다. 반대로 공포의 끝까지 밀려난 시계추는, 아주 작은 호재(바람)만 불어도 무서운 속도로 탐욕을 향해 튀어 오른다.
"골이 깊으면 산이 높다."
이것은 단순한 위로가 아니라, 물리 법칙이자 시장의 절대 법칙이다.

스마트 투자자의 행동: "겨울에 밀짚모자를 사라."
그렇다면 우리는 어떻게 행동해야 하는가? 극성의 법칙을 이해한 투자자는 계절을 거슬러 행동한다.

남들이 공포에 떨 때(겨울): 더 떨어질까 봐 두려운가? 아니다. 가격이 하락한다는 건 '위험(Risk)'이 줄어들고 '기대 수익'이 높아진다는 뜻이다. 세일 기간에 물건을 사지 않고 도망가는 건 바보뿐이다. 공포는 매수의 신호다.

남들이 환희에 찰 때(여름): 더 오를까 봐 조급한가(FOMO)? 아니다. 가격이 상승한다는 건 '먹을 것'이 줄어들고 '추락할 위험'이 커졌다는 뜻이다. 파티가 가장 뜨거울 때, 조용히 외투를 챙겨 나와야 한다. 환희는 매도의 신호다.

대중은 눈에 보이는 '가격'을 믿지만, 스마트 투자자는 보이지 않는 '극성(Cycle)'을 믿는다.

당신이 지금 느끼는 감정을 점검해 보라. 공포스러운가? 그렇다면 기회가 온 것이다. 흥분되는가? 그렇다면 위기가 온 것이다. 시계추는 지금 이 순간에도, 당신의 감정과 반대 방향으로 움직일 준비를 하고 있다.

개미들은 종종 가장 위험한 순간에 가장 확신하고, 가장 기회의 순간에 가장 긴장한다. 스마트 투자자는 그 반대다. 가장 위험한 순간에 가장 긴장하고, 기회의 순간에 가장 확신한다.

<table>
<tr><td>통찰 뼈대 8</td><td>에너지 축적의 법칙</td></tr>
</table>

"폭락은 실패가 아니라 압축 과정이다."

"오랫동안 움직이지 않은 자산일수록, 움직이기 시작할 때 가장 빠르고 가장 거칠다."

시장은 항상 시끄러운 곳에서 끝나고, 조용한 곳에서 시작된다. 대다수의 투자자는 하락과 횡보를 '죽어가는 과정'이며 가격이 움직일 때만 '에너지'가 생긴다고 착각한다. 하지만 스마트 투자자는 그것을 에너지를 응축하는 과정으로 본다.
시장에서 진짜 에너지는 '아무 일도 일어나지 않는 시간' 동안 축적된다.

에너지는 움직임이 아니라 '억눌림'에서 만들어진다

쓰레기는 누르면 부서지지만, 다이아몬드는 누를수록 단단해진다. 가치 있는 우량 자산에 한해서, 조정 기간이 길고 하락 폭이 클수록 그 자산은 내부에 더 많은 에너지를 축적한다.

이 시간 동안 시장에서는 기대가 사라지고 관심이 줄어들며 참여자가 하나둘 떠난다. 가격은 내려가지만, 그 과정에서 약한 손(참을성 없는 개미)은 모두 정리된다. 그래서 반등은 천천히 오지 않는다. 폭발하듯 시작된다. 시장이 오랫동안 억눌러두었던 에너지가 한 번에 분출되기 때문이다.

대표적인 예로 XRP(리플)를 보자. 2021년, 다른 알트코인들이 수십 배 폭등하는 동안 XRP는 소송 이슈(SEC)에 발목이 잡혀 제대로 된 상승을 보여주지 못했다. 대중은 "XRP는 끝났다"고 조롱했다. 하지만 에너지 축적의 관점에서 보면 해석은 정반대가 된다. 남들이 에너지를 다 써버릴 때, 홀로 에너지를 쓰지 못한 채 2026년까지 꾹꾹 눌러 담았다. 용수철을 5년 동안 짓눌렀다고 상상해 보라. 그 손을 떼는 순간, 그 반발력은 2021년에 올랐던 코인들을 압도할 가능성이 매우 높다.

오랫동안 소외받고 짓눌린 우량 자산일수록, 그 보상은 파괴적이다.

자산별 성격과 투자 상도덕

모든 자산이 같은 방식으로 움직이지 않는다. 이 차이는 에너지 축적 방식, 즉 변동성의 차이에서 나온다.

부동산: 덩치가 크고 무겁다. 하락장이 와도 반토막이 나는 일은 드물지만(안전성), 반대로 상승장에서 수십 배 폭등하는 일도 거의 없다. 변동성이 낮기에 에너지의 폭발력도 제한적이다.

가상화폐: 가볍고 빠르다. 하락장에서 -50%, -70%까지 급락하기도 하지만(변동성), 그만큼 에너지를 압축했기에 상승장에서는 몇

배, 몇십 배 튀어 오른다.

문제는 많은 개인 투자자들이 '투자의 상도덕'을 무시한다는 점
이다.

"나는 위험과 고통과 인내는 싫고, 높은 수익만 원해."

"부동산처럼 안전하면서 비트코인처럼 오르는 건 없나?"

단언컨대 세상에 그런 투자는 없다. 가상화폐에 투자했다면 "내
가 5배의 수익을 원하면 -50%의 고통, 10배의 수익을 원하면
-80%의 고통은 감수하는 게 맞구나"라고 생각하는 것이 투자
의 상도덕이자 등가교환의 법칙이다.

이 원리를 모르고 커뮤니티에 욕설과 조롱을 남기는 건, 결국 자
신의 무지함을 드러내는 행동일 뿐이다. 과거 강남 아파트를, 초
창기 비트코인을 "비싸다, 망했다"며 욕하고 떠난 사람들을 우
리는 어떻게 기억하는가? 2016년부터 2025년까지 200배 넘게
오른 엔비디아조차, 한때는 지루하게 오르지 않는다는 이유로
개미들에게 '개비디아'라고 조롱받았음을 기억하라.

자신이 어떤 자산에 투자하는지도 모르고 추격 매수하는 행동
은 멈춰야 한다. 챕터 1에서 강조한 8가지 필터를 통해 가치를
확인하고, 이 시장의 본질을 이해해야 한다.

폭락은 실패가 아니라 '압축 과정'이다

우량한 알트코인이 -50%, -80% 폭락하면 대중은 "끝났다"고 말한다. 하지만 역사적으로 보면, 바로 그 구간이 가장 많은 에너지가 축적된 상태(바닥)인 경우가 대부분이었다.

그래서 어떤 우량 코인은 몇 달간의 하락을 겪은 뒤, 단 며칠 혹은 일주일 만에 그 하락분을 모두 회복하고 신고가를 갱신한다. 이 반등은 뉴스 때문도 아니고 호재 때문도 아니다. 이미 쌓여 있던 에너지가 방출될 시점에 도달했기 때문이다.

에너지 축적을 이해한 '스마트 투자자'의 태도

에너지 축적을 모르는 개미는 항상 최악의 타이밍에 행동한다. 에너지가 이미 다 방출된(고점) 자산을 사고, 에너지가 가득 쌓인(저점) 자산을 공포에 팔아버린다. 그래서 항상 계좌가 파란불이다. 반면, 이 법칙을 이해한 투자자는 다르다. 신입 사원이 시간이 지나 베테랑이 되면 업무를 여유롭게 처리하듯, 당신도 이 책을 통해 시장의 원리를 깨우쳐야 한다.

폭락장이 와도 공포에 떨지 않고 이렇게 말할 수 있어야 한다. "아, 합정대형 책에서 배웠지. 가상화폐 특징이 원래 이렇고, 지금은 에너지를 모으는 '바겐세일 기간'이구나. 쫄지 말고 배운 대로 대응하자.”

만약 어쩔 수 없이 고점에 물렸다면? 공포에 질려 바닥에서 던지는 것은 최악의 선택이다. 그보다 중요한 것은 낮아진 가격에서 천천히 에너지를 다시 쌓는 것이다. (평단가 관리와 분할 매수) 고점의 진입은 실수일 수 있지만, 저점의 대응은 선택이다. 이때 필요한 것은 용기가 아니라 ‘구조에 대한 이해’다. (구체적인 평단가 관리 전략은 챕터 3에서 자세히 다룰 것이다.)

기억하라. 시장에서는 항상 가장 많은 에너지가 쌓인 자산이 가장 빠르게 움직인다. 눈에 띄지 않는다고 약한 것이 아니다. 조용하다고 끝난 것이 아니다. 아무 일도 일어나지 않는 시간은 아무것도 준비되지 않은 시간이 아니라, 모든 것이 준비되고 있는 시간이다.

“투자는 가격을 쫓는 게임이 아니라, 괴리를 먹는 게임이다.”

“가격(Price)은 당신이 지불하는 것이고, 가치(Value)는 당신이 얻는 것이다.” _워런 버핏 개미와 고수의 차이는 차트를 보는 기술이 아니라, '가치와 가격의 괴리'를 대하는 태도에서 갈린다. 대중은 '가격'이 오르면 안심하고, 가치는 깊이 들여다보지 않는다. 반면 고수는 가치를 기준으로 삼고, 가격의 변덕을 이용한다.

개미의 착각: "비싸야 믿는다"
"가격이 쌀 때는 의심하며 증명을 요구하고, 가격이 폭등하면 이미 증명되있다고 믿으며 산다"

저점(Undervaluation): 코인 가격이 바닥일 때, 개미는 묻는다. "이거 망한 거 아냐? 진짜 오르는 거 맞아? 확실한 호재 있어?" 그들은 싼 가격을 '실패'로 인식한다.

고점(Overvaluation): 가격이 천정을 뚫고 오르면, 개미는 외친다. "와! 역시 이게 대세다! 지금이라도 사야 해!" 그들은 비싼 가격을 '성공'과 '안전'으로 인식한다.

그래서 개미는 늘 바닥에서 의심하다 놓치고, 꼭대기에서 확신하며 물리는 것이다. 가격이 비싸질수록 믿음이 강해지는 것, 그것이 전형적인 호구가 되는 길이다.

하워드 막스의 통찰: "적정 가격은 찰나에 불과하다"

전설적인 투자자 하워드 막스(Howard Marks)는 그의 저서《투자에 대한 생각》에서 이렇게 말했다.

"시장은 시계추처럼 움직인다. 적정 가치(Fair Value)에 머무르는 시간은 극히 짧고, 대부분은 저평가 혹은 고평가 구간에 위치한다."

시장은 합리적이지 않다. 늘 공포에 질려 가치보다 훨씬 싸게 거래되거나(저평가), 탐욕에 눈이 멀어 가치보다 말도 안 되게 비싸게 거래된다(고평가). 우리가 노려야 할 것은 바로 이 '괴리(Gap)'다.

대중의 눈: "지금 가격이 떨어졌으니 나쁜 자산이야."
고수의 눈: "가치는 그대로인데 가격만 떨어졌군. 괴리가 커졌다(세일 기간). 사야겠다."

투자는 '괴리'를 먹는 게임이다

투자의 본질은 단순하다. 남들이 거들떠보지 않는 저평가 구간(괴리가 큰 구간)에서 인내심을 갖고 수량을 모은 뒤, 남들이 미쳐 날뛰는 고평가 구간(괴리가 좁혀지거나 역전된 구간)에 도달했을 때, 나의 탐욕을 절제하고 이익을 확정 짓는 것이다. 하지만 이 과정은 인간의 본능을 거스르기에 고통스럽다. 가격이 가치보다 쌀 때는 '공포'가 지배하고, 가격이 가치보다 비쌀 때는 '환희'가 지배하기 때문이다. 그래서 공부하지 않은 자는 공포에 팔고 환희에 산다.

괴리의 법칙을 이해한 '스마트 투자자'의 마인드

이제 당신은 가격이 떨어진다고 해서 가치가 훼손된 것이 아님을 안다. 폭락장이 오거나 긴 조정이 이어질 때, 공포에 떠는 대신 이렇게 말할 수 있어야 한다.

"아, 합정대형 책에서 배웠지. 가상화폐 시장은 원래 적정 가격에 머무는 시간이 없어. 지금은 가치보다 가격이 현저히 낮은 '저평가 구간'이구나. 괴리가 벌어졌으니 기회다. 쫄지 말고 배운 대로 대응하자."

기억하라. 명품 가방이 50% 세일하면 줄을 서서 사면서, 왜 우량한 자산이 50% 세일하면 도망가는가? 가격은 거짓말을 자주 하지만, 가치는 배신하지 않는다. 당신이 쥐고 있는 자산이 '다이아몬드'라면, 진흙탕(하락장)에 굴러도 그것은 여전히 다이아몬드다.

예측 불가의 법칙

"예측하지 말고 대응하라."

"전망은 전망하는 사람에 대해 많은 것을 알려주지만, 미래에 대해서는 아무것도 알려주지 않는다." _워런 버핏

시장의 고점과 저점은 신(God)의 영역이다. 인간의 영역은 오직 '대응'뿐이다. 하지만 많은 투자자가 스스로를 예언가로 착각하거나, 예언가를 찾아다니며 귀한 돈과 시간을 낭비한다.

2025년의 무당과 사라진 강세장: 예측의 허무함

2025년 초, 유튜브에 한 무당이 혜성처럼 등장했다. 그는 두루뭉술한 예측이 아니라, "2025년 X월에 강세장이 시작되고, 어떤 코인은 얼마까지 오른다"며 구체적인 날짜와 가격까지 찍어주었다. 사람들은 열광했고, 무당은 엄청난 복채를 받으며 점사를 보았다.

결과는 어땠는가? 독자들도 알다시피 2025년, 무당이 호언장담했던 그 시기에 강세장은 오지 않았다. 심지어 무당이 추천했던 알트코인 중 일부는 국내 거래소에서 상장폐지되어 휴지 조각이

되었다. 가격이 오르지 않자 분노한 투자자들의 비난과 공격이 빗발쳤다.

이것이 예측의 민낯이다. 무당도, 차트 분석가도, 월가의 전문가도 내일의 시세를 정확히 알 수는 없다. 그들의 예언을 믿고 전 재산을 거는 것은 투자가 아니라 미신에 의존한 도박일 뿐이다.

시세는 달력이 아니라 '세력'이 정한다

> "그들(세력)이 어떤 호재를 통해 시장을 끌어올리는지 지켜보시죠." _ 타임 레버리지 문창훈

나는 이 말에 전적으로 동의한다. 강세장의 시작과 끝, 고점과 저점은 달력의 날짜가 정하는 것이 아니다. 시장을 움직이는 '세력'들이 정한다. 그들이 충분히 매집했다고 판단할 때 뉴스를 터뜨려 가격을 올리고, 충분히 수익을 냈다고 판단할 때 악재를 뿌려 가격을 내린다. 그러니 뉴스와 언론을 맹신하지 마라. 투자의 대가 앙드레 코스톨라니는 "뉴스는 시세의 도구일 뿐이다. 시세가 뉴스를 만드는 것이지, 뉴스가 시세를 만드는 것이 아니다"라고 말했다. 언론에 나오는 호재와 악재는 세력이 개미들을 유인하거나 겁주기 위해 사용하는 확성기에 불과하다.

예측하려 하지 말고 '대응'하라

많은 개미가 이 '예측 불가'의 영역을 인정하지 않기 때문에 돈을 잃는다.

예측의 함정(고점): "전문가가 더 오른대! 차트상 더 갈 거야!"라며 자신의 예측을 믿고 욕심을 부리다, 탈출할 기회를 놓치고 하락장을 정통으로 맞는다.

예측의 함정(저점): "전문가가 더 떨어진대! 아직 바닥 아니야!"라며 더 싼 가격을 기다리다, 세력이 쏘아 올린 급등 열차를 놓치고 닭 쫓던 개 신세가 된다.

바닥에서 사서 머리 꼭대기에서 팔려고 하지 마라. 그것은 신도 불가능한 일이다. 우리는 '무릎'에 사서 '어깨'에 파는 것으로 충분하다. 세 번째 방어 뼈대에서 언급했듯, 생선의 머리와 꼬리는 세력에게 줘라. 몸통만 먹어도 당신의 인생을 바꾸기에는 충분하다. 예측의 영역을 떠나 대응의 영역으로 들어올 때, 비로소 당신의 계좌는 미신이 아닌 원칙 위에 서게 될 것이다.

"민주주의는 다수가 결정하지만, 시장은 소수가 독식한다. 대중의 환호가 들리면 떠나고, 대중의 비명이 들리면 진입하라."
투자 시장은 빠르게 오르지 않는다. 정확히 말하면, 소수만 남을 때까지는 강세장이 시작되지 않는다.

고대 그리스의 철학자 플라톤은 스승 소크라테스가 어리석은 대중의 다수결 재판으로 억울하게 죽는 것을 목격했다. 그래서 그는 '철인 정치(Philosopher King)'를 주장했다. 감정에 휩쓸리는 무지한 대중(다수)이 아니라, 지혜와 통찰력을 갖춘 소수(철학자)가 이끌어야 한다는 것이다.
투자 시장은 이 논리가 극단적으로 드러나는 곳이다. 모두가 돈을 벌 수는 없다. 시장은 끝까지 인내하고 통찰력을 지닌 '극소수의 철인'만이 살아남는 서바이벌 게임이다.

소수만 남을 때까지 흔든다(Shake-out)

투자 시장은 일종의 '채용 시험'이다. 시장은 선의로 운영되지 않는다. 가격 하락(공포)과 시간 지연(지루함)은 참여자를 줄이기 위한 가장 강력한 도구다.

많은 투자자는 말한다.
"왜 이렇게 오래 안 오르지?"
"이 정도면 충분히 흔들었잖아?"

하지만 시장의 관점은 다르다.
"아직도 사람이 많다."

가격이 싸질수록, 조정이 길어질수록, 사람들은 하나둘 떠난다. 지루해서 떠나고, 불안해서 떠나고, 분노해서 떠난다. 그리고 결국 남는 것은 소수다.

XRP 투자자들 사이에서는 '오버나잇(Overnight) 시나리오'라는 말이 전설처럼 돈다. 몇 년을 억눌려 있던 가격이, 모두가 잠든 단 하룻밤 사이에 미친 듯이 폭등하여 아무도 탑승할 기회를 주지 않는다는 시나리오다. (그래서 필자는 최소 XRP 1만 개는 영구 봉인을 권장한다.)

그러나 생각해 보라. 그 '단 하룻밤의 기적'을 만들어내기 위해, 세력은 얼마나 오랫동안 가격을 짓누르고 개미들을 지치게 만들겠는가? 가벼운 배가 더 높이 뜨는 법이다. 그들은 당신을 떨쳐

내기 위해 당신의 인내심을 바닥까지 긁어낼 것이다.

다수(대중)의 반복되는 어리석음

대중은 항상 반대로 행동한다. 가격이 바닥을 기며 '바겐세일'을 할 때는 거들떠보지도 않다가, 가격이 폭등하면 그제야 흥분하여 큰돈을 들고 추격 매수를 한다. 그리고 고점에 물리면, 커뮤니티로 달려가 자신에게 투자를 추천한 유튜버를 욕하고, 코인을 "스캠(사기)"이리 비난하며 저주를 퍼붓는다. 플라톤이 경계했던 '감정에 휘둘리는 다수'와 닮았다.

소수결을 이해한 '철인 투자자'의 자세

가격이 계속 떨어지고, 끝이 보이지 않는 장기간의 조정이 찾아올 때, 대중은 공포에 질려 떠난다. 하지만 소수결의 법칙을 깨달은 당신은 달라야 한다. 차트를 보며 이렇게 말할 수 있어야 한다.

"아, 합정대형 책에서 배웠지. 시장은 원래 소수만 데리고 가는 거야. 지금 조정이 길어지는 걸 보니, 개미들을 다 털어내고 있구나. 바겐세일 기간이 이렇게 길다니, 여유를 가지고 배운 대로 대응하자."

기억하라. 대중은 강세장이 시작된 뒤에야 "아, 그때가 기회였는데!"라고 무릎을 치며 후회한다. 하지만 그때는 이미 늦었다. 시장은 인내심을 지킨 소수에게 먼저 보상을 주기 때문이다.

모두를 부자로 만들지 않기에, 시장은 역설적으로 '공정'하다.

"세력은 미래를 숨기지 않는다. 단지 조용히 속삭일 뿐이다. 대중은 확성기 소리(폭등)를 기다리지만, 부자는 그들의 속삭임(힌트)에 움직인다."

투자 시장은 공평하지 않다. 이곳은 세력의 '힌트'를 읽어낸 소수와, 눈앞의 '가격'만 쫓는 몽매한 다수의 싸움터다. 역사적으로 큰 부는 항상 남들이 보지 못하는 것을 먼저 본 소수의 몫이었다.

세력은 힌트를 숨기지 않는다

많은 개미가 세력이 정보를 독점하고 꽁꽁 숨긴다고 생각한다. 그러나 실제로는 다르다. 세력(기관, 국가, 거대 자본)은 자신들이

추진할 미래의 청사진을 보고서와 정책 발표, 컨퍼런스 등을 통해 지속적으로 공개한다. 예를 들어,

BIS(국제결제은행): "국경 간 결제의 효율성을 위해 새로운 통화 시스템이 필요하다."
글로벌 은행들: "블록체인 기술을 도입하여 송금 속도를 혁신하겠다."

그들은 미래를 숨기지 않는다. 다만, "그러니까 지금 당장 이 코인을 사세요"라고 친절하게 권장하지 않을 뿐이다. 정책과 기술 방향은 공개되지만, 구체적인 수익 기회에 대한 책임은 개인의 몫으로 남겨둔다.

힌트는 공개된다. 해석과 결단만이 개인의 영역이다. 깨어 있는 소수는 이 건조한 뉴스들 사이의 '행간'을 읽고 가치를 발견해 선점한다. 반면 대중은 이렇게 말한다. "그래서 뭐? 당장 오르는 건 아니잖아."

깨어 있는 소수는 '증명 이전'에 움직인다
깨어 있는 소수는 뉴스를 결론이 아니라 단서로 읽는다. 그들은 묻는다.

"이 변화가 의미하는 구조는 무엇인가?

"이 방향이 성공한다면, 어떤 자산이 가장 큰 수혜를 받는가?"

"지금 가격은 그 미래를 얼마나 반영하고 있는가?"

그래서 그들은 아무도 관심 없을 때 공부하고, 아무도 믿지 않을 때 분할 매수하며, 아무 일도 일어나지 않는 시간을 견딘다.

대중은 '증명된 가격'만 산다

반면 대중은 정반대로 행동한다. 가격이 오르기 전까지는 믿지 않는다. 그들은 '확실한 증명'을 요구한다.

"그 기술이 진짜면 가격이 올랐겠지."

"비트코인 1억 넘으면 그때 믿고 들어갈게."

가격이 바닥일 때는 의심하고, 가격이 천정부지로 치솟아 모든 방송에서 떠들썩할 때야 비로소 "가치가 증명되었다"고 안심한다.

하지만 기억하라. '증명'에는 비싼 대가가 따른다. 모든 것이 확실해 보일 때, 가격은 이미 상당 부분 미래를 반영하고 있다. 이미 널리 알려진 자산에서 폭발적인 수익을 기대하기는 점점 어려워진다. 그것이 시장 구조이자 불변의 법칙이다.

부의 추월차선: 불확실성 속으로 걸어 들어가라

투자의 역사는 반복된다. 세력의 힌트를 이해하고 불확실성을 견딘 '현명한 소수'만이 경제적 자유라는 막대한 보상을 챙겨갔다. 반면, 이미 가치가 증명된 비싼 자산만 찾아다닌 '대중'은 세력의 물량을 받아주는 설거지 꾼이 되거나, 아주 미미한 수익에 만족해야 했다.

지금 당신은 무엇을 보고 있는가? 눈앞에 찍힌 빨간 숫자(상승률)인가, 아니면 세력이 수년 전부터 흘려온 미래의 힌트인가?

대중이 "보여주면 믿겠다"고 말할 때, 소수는 "믿기 때문에 본다"고 말한다. 이 역사는 지금까지 그랬고, 지금도 그렇고, 앞으로도 영원히 반복될 것이다. 경제적 자유는 증명서를 기다리는 자가 아니라, 보물지도(힌트)를 해독한 자의 것이다. 세력이 숨겨둔 힌트를 읽어라.

"돈에는 독(Poison)이 있다. 그릇이 작은 자에게 넘치는 돈이 들어오면, 그 돈은 주인을 죽이는 맹독이 되어 돌아올 수 있다."

투자 시장은 지식만으로 승부하는 곳이 아니다. 지식과 멘탈(Mentality), 그리고 '삶을 대하는 태도'가 결합된 종합 예술에 가깝다. 아무리 좋은 기법을 배우고, 아무리 좋은 종목을 알려줘도 실패하는 사람이 있다. 고수들은 그 이유를 한 문장으로 정의한다.

"사람은 딱 자기 삶의 그릇만큼만 돈을 번다."

투자의 상도덕과 그릇의 크기

성공한 투자자들의 공통점은 인내심, 용기, 겸손함, 그리고 '상도덕(Business Ethics)'을 갖췄다는 점이다. 반면, 실패하는 투자자는 놀라울 정도로 정반대의 태도를 보인다.

상도덕 부재: 하락과 조정이라는 대가는 치르기 싫어하면서, 큰

수익이라는 결과만 원한다.

인내심 부재: 조금만 지루해도 견디지 못하고 커뮤니티에 달려가 욕설과 조롱을 쏟아낸다.

용기 부재: 모두가 공포에 떨 때 매수할 용기는 없고, 남들이 환호할 때 뒤늦게 들어온다.

겸손 부재: 운 좋게 몇 번 수익을 내면 자신이 천재인 줄 알고 자만하다가(선물 투자, 강세장에서 많은 금액 투자 등), 결국 시장에 모든 것을 반납한다.

스스로에게 물어보라. 당신은 성공한 부자에 어울리는 품격을 갖추었는가? 그릇이 깨져 있는데 물을 붓는다고 채워지겠는가?

"그 사람이 그 사람들이다" (반복되는 역사)

구독자 20만 명의 미국 주식 유투버 '잼투리'는 하락장과 조정장에서 커뮤니티에 올라온 조롱 글들을 보여준 적이 있다.

"OO 주식 탈출은 지능순"

"왜 이건 안 오르죠?"

그는 이런 글들을 보며 뼈 있는 한마디를 남겼다.

"결국 그 사람이 그 사람들입니다."

과거 강남 아파트가 폭락할 때, 비트코인이 초기에 흔들릴 때, 욕하며 던지고 떠난 사람들은 지금 쥐구멍에라도 숨고 싶을 것이다. 그러나 안타깝게도 그들은 또 다른 기회가 와도 똑같이 욕하고, 똑같이 비웃고, 똑같이 도망칠 것이다. 인내와 담대함으로 삶의 그릇을 키우지 못했기 때문이다.

"제 그릇이 작은데 어떡하죠?" (희망의 메시지)

만약 이 글을 읽고 "나는 아직 그릇이 작은 사람인 것 같다"라고 느꼈다면, 오히려 희망이 있다. 자신의 한계를 인지하는 메타인지(Self-awareness)야말로, 그릇을 키울 수 있는 출발점이기 때문이다. 진짜 문제는 자신의 한계를 인정하지 않고 남 탓만 하는 태도다.

걱정하지 마라. 그릇은 타고나는 것이 아니라 '훈련'으로 커진다. 운동으로 근육을 키우고, 명상으로 마음을 단련하듯, 투자도 반복된 훈련을 통해 멘탈을 확장할 수 있다. 이 책의 챕터 2 후반부에서 소개할 '9가지 투자 방법'과 챕터 3에서 다룰 '상황별 대응 전략'은 바로 그 훈련 과정이다. 그 과정을 겪으며 흔들리고, 깨지고, 다시 복기하는 동안 당신의 멘탈은 강철처럼 단단해지고 그릇은 태평양처럼 넓어질 것이다.

투자는 인생을 바꾸는 수양이다

투자는 단순히 돈을 불리는 기술이 아니다. 탐욕을 절제하고, 공포를 통제하며, 대중과 다른 생각을 견디는 훈련이다. 이 험난한 투자 시장에서 원칙을 지키며 살아남을 수 있다면, 당신은 인생의 다른 영역에서도 쉽게 무너지지 않을 것이다. 단순히 돈만 많은 사람이 아니라, 그 돈을 감당할 수 있는 사람으로 성장하는 것. 그것이 진짜 부다.

이 책이 당신의 그릇을 키우는 망치가 되길 바란다. 망치에 맞아 단단해질 준비가 되어 있다면, 이미 당신은 이전과 다른 사람이기 때문이다.

통찰 뼈대 6

도축의 법칙 → 어떻게 당하는가

구조적 손실(선물 투자, 강세장에서
과도한 금액 투입)

통찰 뼈대 7

극성의 법칙 → 왜 스스로 뛰어드는가

심리적 자멸(공포에 팔고 환희에 사는 본능)

통찰 뼈대 8

에너지 축적의 법칙
→ 왜 시간을 견디지 못하는가

투자 문해력 부족(시장은 항상 시끄러운
곳에서 끝나고 조용한 곳에서 시작됨을 모름)

통찰 뼈대 9

괴리의 법칙 → 무엇에 속는가

가격 착시(가치 대신 가격을 믿는 인식 오류)

통찰 뼈대 10

예측 불가의 법칙 → 왜 오만해지는가

예측 중독(예언자 콤플렉스)

통찰 뼈대 11

소수 생존의 법칙 → 누가 끝까지 남는가

담대함과 인내심을 지닌 소수만이 수익을
가져간다(소수만 남을 때까지 흔드는 구조)

통찰 뼈대 12

행간의 법칙 → 무엇을 놓치는가

보이는 것만 믿는 지적 게으름(힌트는
무시하고 결과만 쫓음)

통찰 뼈대 13

그릇의 법칙 → 왜 결국 뱉어내는가

자격의 문제(운으로 번 돈도 담을 그릇이
준비되지 않으면 다시 시장으로 돌아감)

개미들은 당하고(6) → 스스로 뛰어들고(7) → 기다리지 못하고 (8) → 가격에 속고(9) → 예측에 의존하고(10) → 군중에 휩쓸리고(11) → 결과만 보고 뒷북치고(12) → 결국 다시 시장에 반납하며(13) 같은 패턴을 반복한다.

이 8가지 뼈대는 단순한 이론이 아니다. 개미의 반복 구조를 해체하기 위한 설계도다. 이 책을 통해 이제 그만 '반응하는 투자자'에서 벗어나, '구조를 읽는 스마트 투자자'로 나아가자.
첫걸음은 이미 떼었다.

04

9가지 필승(Method) 뼈대: 실전에 리허설은 없다

※ 본 장은 교육 목적의 원칙·사례·전략 설계를 설명하는 것이며, 특정 가격이나 수익을 보장하지 않는다. 투자 판단과 책임은 전적으로 독자 본인에게 있다.

고유 감각을 만들어라: 이소룡과 최배달의 교훈

"준비된 자는 두려울 것이 없다. 실전에서는 내 머리가 아닌, 훈련된 몸이 치는 것이다.(I do not hit. It hits all by itself.)"_이소룡,《Tao of Jeet Kune Do》

"20세기 최고의 무도가 최배달(최영의)은 '333 규칙'을 강조한다. 어떤 기술을 300번 연습하면 어느 정도 흉내 낼 수

최배달이 생각하는 가장 강력한 무기를 만드는 방법은 "끊임없는 수련"이다. 여기에는 과학적 이유가 있다. 우리 몸에는 뇌의 명령을 거치지 않고 반응하는 '척수 반사'가 있다. 척수는 뇌까지 신호를 보내지 않고 즉각 명령을 내리기 때문에 반응 속도가 훨씬 빠르다.

하지만 그보다 더 높은 단계가 있다. 바로 '고유 감각(Proprioception)'이다. 줄타기 선수의 발바닥 미세한 균형 감각, 산을 잘 타는 사람의 본능적인 체중 이동, 수만 번 발차기를 연습한 무도가의 발끝 감각이 그 예다. 이를 한마디로 표현하면 '발끝에 눈이 생긴 것'이다. 뇌가 계산하지 않아도, 몸이 먼저 가장 적합한 자세를 취한다. 위험이 오면 생각보다 먼저 피한다. 동양에서는 이 경지를 '기(氣)'라고 설명하기도 한다.

수비학에서 숫자 3은 '완성'의 최소 단위이다. 3이 세 번 반복되는 333은 '삼위일체의 강력한 에너지'이자 고수의 경지를 뜻하는 숫자다. 필자가 소개할 9가지 투자 법칙은 당신이 단순히 기술을 아는 단계(300번)를 넘어, 실전에서 의식적으로 사용하는 단계(3,000번)를 지나, 무의식적으로 반응하는 단계(30,000번)까지 가기 위한 훈련 과정이다.

강세장과 하락장에서 내 마음이 흔들리는 대로 매수와 매도를 결정해서는 안 된다. 어설픈 직감을 철저히 무시하고, 거장들이 검증한 방법을 기계처럼 수행해야 한다.

> "투자의 비결은 당신의 직감을 신뢰하는 법을 배우는 것이 아니라, 그것을 무시하도록 자신을 훈련하는 것이다."
> _피터 린치

피터 린치가 말한 '직감'과 필자가 말하는 '고유 감각'은 다르다. 전자는 공부 없이 튀어나오는 감정이다. 후자는 혹독한 훈련과 반복, 실패와 복기를 통해 만들어진 '제2의 천성'이다. 직감은 흔들리지만, 고유 감각은 흔들리지 않는다. 직감은 군중과 함께 움직이지만, 고유 감각은 구조를 따라 움직인다.

이제 남은 9가지를 통해, 당신만의 '투자 고유 감각'을 만들어가자.

필승 뼈대 14 | 분할의 법칙

변동성을 제압하는 진입의 기술

"시장의 변동성은 투자자의 적이 아니다. 그것을 다루는 법
만 안다면, 변동성은 최고의 친구가 된다." _벤저민 그레이엄

우리는 신이 아니다. 그래서 저점을 정확히 알 수 없다. 저점을
알 수 없다는 사실을 인정하는 순간, 투자자가 취할 수 있는 가
장 강력한 무기는 하나로 압축된다. 바로 '시점'을 쪼개는 것이다.
한 번에 모든 돈을 거는 '올인(All-in)'은 투자라기보다 베팅에 가
깝다. 진정한 투자는 시간을 내 편으로 만드는 분할 매수(DCA:
Dollar Cost Averaging)에서 시작된다.

변동성이 클수록, 쪼개야 산다

한국학술지인용색인(KCI)에 등재된 서울대학교 연구진의 논문
〈적립식 투자전략이 투자 성과를 개선하는가?〉는 흥미로운 결
론을 제시한다. 연구에 따르면, 주가 변동성이 낮은 시장보다 변

동성이 크고 등락이 심한 시장일수록 적립식 분할 투자(DCA)가 거치식(한 번에 매수)보다 성과 방어 측면에서 유리한 경향이 나타났다. 가상화폐 시장은 주식 시장보다 하루 변동 폭이 훨씬 크다. 즉, 코인 시장이야말로 '분할의 법칙'이 특히 중요하게 작용하는 무대라는 뜻이다.

70년 동안 실패하지 않은 유일한 공식

가치 투자의 아버지이 벤저민 그레이엄은 "우량 자산을 매달 꾸준히 적금 넣듯이 사는 기법(Dollar Cost Averaging)"을 가리켜 "절대 망하지 않는 투자법"이라고 극찬했다.

그는 70년 넘게 월스트리트의 수많은 천재들이 만든 복잡한 공식들이 깨지고 사라지는 것을 지켜봤지만, '정액 분할 매수법'이란 이 단순한 원칙은 실패한 적이 없었다고 증언했다.

시장은 복잡하지만, 진리는 단순하다. 꾸준함이 화려함을 이긴다.

더 잘게 쪼갤수록, 리스크는 0에 수렴한다

많은 사람이 "월급날에 한 번 사면 되나요?"라고 묻는다. 물론 나쁘지 않다. 하지만 DCA의 핵심은 '평단가 평준화(Cost Averaging)' 효과에 있다. 가격이 쌀 때는 더 많은 수량을 사게 되고, 가격이 비쌀 때는 더 적은 수량을 사게 되어, 결과적으로 평균 매입 단가를 시장 가격보다 낮추는 마법이다.

이 효과를 극대화하려면 간격을 줄여야 한다. 매달보다는 매주, 매주보다는 매일 사는 것이 수익률 방어에 유리하다. 특히 24시간 쉬지 않고 돌아가는 코인 시장에서는 '매일 아침 9시'처럼 자신만의 루틴을 만들어 잘게 쪼개서 진입하는 것이 변동성의 파도를 넘는 최고의 서핑 보드다.

곡소리는 '몰빵'한 자들의 비명이다

폭락장이 오면 커뮤니티에는 곡소리가 넘쳐난다.

"살려주세요."

"한강 갑니다."

"추천해준 사람이 원망스럽습니다"라고 외치는 사람들의 공통점은 딱 하나다.

그들은 가격이 급등할 때 흥분해 한 번에 큰돈을 넣었거나, 이미 가진 돈을 다 써버려 대응할 현금이 없는 사람들이다.

반면, 철저하게 분할 매수(DCA)를 한 사람들은 폭락장을 두려워하지 않는다.

"어? 가격이 떨어졌네? 오늘치 매수 물량은 싸게 사서 개수 늘리겠구나."

그들은 마이너스가 찍힌 계좌를 보면서도 공포에 질리지 않는
다. 오히려 묵묵히 개수를 늘리며 다가올 상승장을 준비한다.

상황별 DCA: 무기는 쓰는 법을 알아야 한다

물론 무지성으로 적립이 능사는 아니다. 시장은 생물과 같아서
크게 세 가지 국면이 존재한다.

강세장(The Bull): 모두가 환호할 때, 수확을 준비하는 냉정의 시간.

강세장 후 폭락장(The Crash): 모두가 공포에 질릴 때, 다시 기회
를 노리는 용기의 시간.

대중의 관심이 없는 조정장(The Quiet): 아무도 쳐다보지 않을 때,
씨앗을 뿌리는 인내의 시간.

이 각각의 상황에 맞춰 DCA의 비중과 속도를 조절해야 진정한
고수다. 시장별 대응법은 다음과 같다.

강세장(The Bull): 모두가 인정하는 뜨거운 강세장이 시작되면, 잠
시 DCA 매수를 멈춘다. 상승장 이후 반드시 찾아올 폭락장에 투
입할 현금(총알)을 계속 모아두는 것이다. 강세장은 사야 할 때가
아니라 팔아야 할 때다. 굳이 비싸게 추격 매수할 이유가 없다.

강세장 후 폭락장(The Crash): 하락 중간에 나오는 데드 캣 바운스(가짜 반등)에 속지 않기 위해, 고점 대비 -75% 혹은 -87.5% 구간부터 다시 DCA를 시작한다. 이렇게 기준을 잡는 이유는, 폭락장에서조차 최저점에 사겠다는 '지나친 욕심'을 경계하기 위함이다. 강세장에서 비싸게 팔려다 고점을 놓치듯, 폭락장에서도 너무 싸게 사려다 진짜 저점을 놓칠 수 있기 때문이다.

대중의 관심이 없는 조정장(The Quiet): 강세장이 오면 개미들은 늘 "조정장 때 사둘걸" 하며 뼈아픈 후회를 반복한다. 우리는 개미와 반대로 움직인다. 아무도 쳐다보지 않는 이 지루한 시기에 묵묵히 DCA를 실행하며, 당신의 부의 그릇을 깊고 넓게 만들어 가는 것이다.

지금 당신이 기억해야 할 것은 하나다.
"쪼개서 사면, 절대 죽지 않는다."

필자가 제시하는 22가지 뼈대를 익히면, 당신도 충분히 시장을 지배하는 스마트 투자자가 될 수 있다. 시장에서 겪을 수 있는 여러 상황과, 그에 맞는 멘탈과 투자법을 모두 정리해 두었기 때문이다. 각 시장 국면에서 더욱 넓은 실전 대응은 챕터 3에서 다룰 것이다.

사자의 심장 법칙

수익성을 극대화하는 진입의 기술

> "다른 사람들이 탐욕스러울 때 두려워하고, 다른 사람들이 두려워할 때 탐욕스러워라." _워런 버핏

투자자에게는 두 개의 심장이 있다.

사자의 심장: 남들이 공포에 질려 도망칠 때, 유유히 나타나 가장 싼 가격에 먹잇감을 낚아채는 스마트 투자자.

하이에나의 심장: 남들이 배불리 먹고 난 뒤(폭등 후), 뒤늦게 나타나 남은 찌꺼기라도 먹으려다 위험에 노출되는 개미.

당신은 지금껏 어떤 심장으로 투자해 왔는가? 역사적으로 거대한 부는 항상 '피 냄새(공포)' 속으로 들어간 자들의 몫이었다.

100원의 전설(어느 투자자의 고백)

유튜브 채널 '어슴새벽'의 댓글 창에는 전설 같은 이야기가 하나 있다. 과거 XRP가 SEC 소송 이슈로 100원대까지 처참하게 폭락했을 때, 모두가 "XRP는 망했다"고 손절할 때, 전 재산에 가까운 자금을 과감히 투입한 투자자의 이야기다. 그는 그 단 한 번

의 '결단'으로 어머니의 병원비 걱정과 자신의 노후 걱정을 영원
히 끝냈다. 이를 본 한 회원은 이렇게 말했다.
"그 분은 진짜 사자의 심장을 가졌네요."

이것이 투자의 본질이다. 대중이 환호할 때는 떠나고, 대중이 비
명을 지를 때 들어가는 것.
말은 쉽지만, 훈련되지 않은 심장으로는 거의 불가능한 일이다.

수익률의 차원이 다르다(수학적 증명)
왜 우리는 폭락장을 기다려야 할까? 단순히 싸게 사기 위해서가
아니다. 수익의 '차원'이 달라지기 때문이다.

예를 들어보자.
가정: 2026년 강세장에서 XRP 최고점이 33,000원일 때

하이에나형(개미): 30,000원에 1억 원을 투자했다.
다음 강세장에 3만 원이 되면 본전이고, 6만 원까지 올라야 겨
우 2배다. 그동안 겪을 마음고생과 기회비용은 계산조차 안 된다.
사자형(스마트 투자자): 고점 대비 -75% 폭락한 7,500원에 1억 원을
예약 매수하여 체결되었다면? 다음 강세장에 3만 원(전 고점)만
회복해도 4배(4억 원)다. 6만 원까지 오르면 8배(8억 원)가 된다.

사자의 왕(더 깊은 공포 구간에서 진입한 경우): 고점 대비 -87.5% 폭락한 3,750원에 예약 매수하여 체결되었다면? 3만 원 회복 시 8배(8억 원), 6만 원 도달 시 16배(16억 원)가 된다.

같은 1억 원이고, 똑같은 상승장이 찾아왔지만, 결과는 본전 vs 8억 원 vs 16억 원이다.

이래도 강세장에서 사고 싶은가? 아니면 강세장에서 탐욕을 절제하고 마이너스 -75% 혹은 -87.5%에 예약 매수를 걸어두고 기다릴 것인가?

사자의 심장은 '올인'이 아니라 '예약 매수'에서 나온다

공포 구간의 가장 큰 문제는, 가장 매력적인 가격이 대개 '찰나'에 지나간다는 점이다. 코인 시장에서는 몇 시간 만에 급락과 회복이 동시에 일어나기도 한다.

(예: 2025년 10월 11일, XRP가 하루 만에 0.75달러까지 급락 후 상당 부분 회복)

대부분의 독자는 전업 투자자가 아니다. 그 순간을 실시간으로 잡는 건 불가능하다. 그래서 사자의 심장은 이렇게 구현된다.

"폭락을 기다리는 것이 아니라, 폭락이 오면 자동으로 체결되게 만들어라."

즉, 결심이 아니라 시스템으로 진입하는 것이다.

그물망 전략: 과거의 실수를 구조로 끊어내라

2026년 강세장 이후 조정이 온다고 가정해 보자. 대부분 자산이 급락하더라도 XRP와 우량 알트코인만은 피닉스(불사조)처럼 살아남아 다시 회복할 가능성은 높다. 4차 산업혁명의 혈관은 블록체이이고, 혈액은 가상화폐이기 때문이다. 나 또한 모든 자산들이 떨어진 후 소수의 우량 알트코인만 오르는 '디커플링'을 충분히 가능성 있는 시나리오라고 생각한다. 이 시나리오를 대비하는 가장 현명한 방법은 '그물'을 치는 것이다.

"고점 대비 -50%에 시드 30%"

"고점 대비 -75%에 시드 30%"

"고점 대비 -87.5%에 시드 40%"

이 방법을 사용한다면, 시장이 어떻게 흘러가든 당신이 보유한 XRP의 수량은 기하급수적으로 늘어날 것이다.

유레카! 물타기의 예술(평단가 혁명)

이제 현명한 독자라면 폭락장에서 '유레카'를 외칠 것이다. "아! 내가 강세장의 고점에 물려 있다면, 평단가를 확 낮출 수 있겠구나!"

스마트 투자자는 폭락장이 와도 우량 코인(XRP 등)은 결국 가치를 찾아 우상향하는 것을 안다. 그렇다면 가격이 떨어질수록 공포에 떠는 게 아니라, 비율을 높여서 분할 예약 매수를 걸어두거나, 고점 대비 -75%, 고점 대비 -87.5%에 큰돈을 예약 매수하면 된다.

강세장 꼭대기에서 산 물량이 있어도, 사자의 심장으로 물을 타면 당신의 평단가는 드라마틱하게 낮아진다. 이것이 위기를 기회로 전환하는 방법이며, [통찰 뼈대 6. 도축의 법칙]을 역이용하는 방식이다.

공포는 기회의 다른 이름이다

물론 2025년 10월 11일 플래시 크래시(Flash Crash) 같은 기회가 매일 오지는 않는다. 하지만 잊지 마라. 에너지가 크게 분출된 후에는 반드시 긴 조정과 폭락이 오며, 큰 세력이 낮은 배율의 선물 투자자들을 청산시키는 순간은 반드시 찾아온다. 시장은 이 3가지 국면을 영원히 반복한다. (플래시 크래시, Flash Crash: 아주 짧은 시간 동안 자산 가격이 비정상적으로 급락했다가, 순식간에 원래 가격으로 회복하는 현상.)

광기 → 공포 → 침묵.

개미는 광기에 뛰어들고 공포에 손절하지만, 진정한 고수는 공포에 사자의 심장으로 진입해 광기에 유유히 떠난다.

하이에나는 환호에 들어가고, 사자는 비명에 들어간다. 공포에서 준비된 사람만이, 강세장에서 초연할 수 있다.

필승 뼈대 16 | **소금의 법칙**

영원한 부를 지키는 봉인의 기술

> "XRP를 사는 것은 초기의 아마존(Amazon)이나 마이크로소프트 주식을 사는 것과 같다. 이것은 단순한 코인 투자가 아니라, 미래의 금융을 바꿀 거대한 기업의 초기 주주가 되는 기회다." _린다 P. 존스(Linda P. Jones, 월스트리트 투자 전문가)

XRP ARMY들 사이에서는 오래된 전설 같은 이야기가 하나 돈다. 바로 '오버나잇(Overnight)'이다. 어느 날 밤, 세력들이 작정하고 가격을 하루 만에 몇 배, 몇십 배로 올려버려 개미들은 감히 쳐다볼 수도 없게 만드는 현상이다.

물론 지금까지 그런 극단적인 사례는 현실화되지 않았다. 그래서 많은 투자자들은 이를 '행복회로'나 '음모론'으로 치부한다. 그러나 필자는 이 전설이 구조적으로 가능한 시나리오인지, 진지하게 고찰해 볼 필요가 있다고 생각한다.

2025년의 미스터리: "리바이어던은 왜 샀을까?"

필자는 2025년의 코인 흐름을 분석하며 소름 끼치는 현상을 목격했다. 2025년 초반, 기대했던 강세장이 오지 않자 지친 개미들은 떠났다. 심지어 10만~100만 개를 가진 '중소형 고래'들조차 물량을 던졌다.

그러나 1,000만 개 이상을 보유한 '초대형 고래'들의 지갑은 정반대로 움직였다. 그들은 그 지루한 하락장에서 남들이 던진 물량을 조용히, 그리고 끊임없이 쓸어 담았다. 참여자가 많을수록 경쟁은 치열해진다. 그리고 그 경쟁은 고래들 사이에서도 승부를 가른다.

만약 역사상 처음으로 '오버나잇'이 터진다면? 그것은 [방어 뼈대 5. 성동격서의 법칙]의 끝판왕이 될 것이다. 강세장에서 적당히 팔고 나오려던 스마트 투자자들조차, 그 폭발적인 상승 속도에 올라타지 못하고 양털을 깎이는 순간이 올 수 있다.

'소금'이라 불리는 투자자의 철학

'타임 레버리지 A+ 투자사관학교'의 한 회원, '소금'이라는 닉네임을 가진 투자자가 있다. 그는 XRP에 대한 깊은 이해와 통찰로 인정받는 인물이다. 그는 이렇게 말했다.

"나는 XRP를 단 하나도 팔지 않겠습니다."

이 발언은 적잖은 파장을 일으켰다. 왜냐하면 기본 전략은 "강세장에 일정 비율을 매도하고, 조정장에서 다시 매수한다"는 원칙이었기 때문이다. 그러나 그의 말에는 일관된 철학이 담겨 있었다. '가격'이 아니라 '구조적 미래'를 보고 있다는 점이다.

만약 오버나잇이 현실화된다면, 단기 매도 전략을 가진 사람들은 재진입 기회를 잃을 수 있다. 반면 끝까지 보유한 사람은 상승 전체를 온전히 가져갈 수 있다.

제3의 전략: '소금 거래소'를 만들어라

자산 시장 중 가상화폐 시장은 난이도가 가장 높다. 하룻밤 만에 폭락할 수도 있지만, 하룻밤 만에 인생을 바꿀 상승이 올 수도 있다. 오버나잇이 올지 안 올지는 신만이 안다. 그래서 필자는

XRP ARMY들 사이에서 퍼져 있는 '최소 1만 개 영구 봉인'을 넘어서는 전략을 제안한다.

바로 '소금 거래소'를 만드는 것이다.

(1) 주거래소가 아닌, 새로운 거래소나 개인지갑을 하나 만든다.

(2) 이곳에 옮겨둔 코인은 '없는 셈' 친다.

(3) 강세장이 와서 가격이 10배, 20배가 올라도 절대로 매도 버튼을 누르지 않는다.

(4) 이 물량은 훗날 XRP가 강남 부동산처럼 '보유만 해도 가치가 증명되는 자산'이 되었을 때, 은행에 예치하고 이자를 받거나 담보로 대출을 받는 용도로만 쓴다.

이 전략의 핵심은 감정 개입을 차단하는 구조 분리다. 매매 계좌와 보존 계좌를 물리적으로 나누는 것이다.

왜 하필 '소금'인가?

소금은 인류 역사상 가장 중요한 자산 중 하나였다. 부패를 막아주는 방부제이자, 사람이 살아가는 데 없어서는 안 될 전해질이다. 조선시대에는 국가가 관리했고, 성경에서도 "세상의 빛과 소금이 되라"며 그 중요성을 강조했다.

이 '소금 거래소'에 묻어둔 XRP는 훗날 당신의 자산이 부패하지 않도록 지켜주는 방부제가 될 것이며, 당신의 노후를 지탱하는 생명수가 될 것이다. 주식 고수들이 "진정한 우량주는 파는 게 아니라 모으는 것"이라고 말하듯, 미래에는 평단가가 아니라 "당신 손에 몇 개의 XRP가 쥐어져 있는가?"가 부의 척도가 될 것이기 때문이다.

경고: 오버나잇은 '축제 중간'이 아니라 '축제 이후'에 온다

그러나 명심해야 할 점이 있다. 모두가 환호하는 강세장의 정점에서 오버나잇은 오지 않는다. 투자 시장은 공부하지 않은 개미 떼를 모두 태우고 천국으로 가는 자선사업가가 아니다.

합리적으로 추론컨대, 오버나잇은 엄청난 대폭락이 선행되어 대다수가 시장을 욕하고 떠났을 때, 혹은 아무도 거들떠보지 않는 침묵 속에 갑자기 찾아올 것이다. 그렇기에 우리는 강세장에서는 원칙대로 가격이 오를수록 비율을 높여 매도하여 수익을 챙기되, '소금 거래소'에 봉인된 물량만큼은 어떤 폭락과 유혹에도 흔들리지 말고 지켜내야 한다.

오버나잇이 온다면 소금 계좌가 당신을 구원할 것이고, 오지 않는다면 분할매수(DCA) 그리고 사자의 심장으로 투자한 계좌가 당신을 부자로 만들 것이다. 이 이중 전략이야말로 예측 불가능한 시장에서 살아남는 길이다.

정도의 법칙

군자는 큰길로만 걷는다.

"성공을 좇지 마라. 탁월함을 좇아라. 그러면 성공은 저절로 따라올 것이다.(Don't chase success. Pursue excellence, and success will follow.)" _영화 《세 얼간이 (3 Idiots)》

옛말에 "군자는 대로행(君子大路行)"이라 했다. 진정한 고수는 좁고 위험한 지름길로 가지 않고, 넓고 바른 큰길로만 걷는다. 투자도 마찬가지다. 우리가 해야 할 것은 '투자'이지 '투기'가 아니다.

투자: 공부를 통해 미래 가치를 파악하고, 대중이 외면할 때 모아서 환호할 때 파는 '농사'다.

투기: 차트의 변동성을 예측해 홀짝 게임을 하는 '도박'이다.

당신이 차트를 보며 하루 12시간 이상 연구할 전업 투자자가 아니라면, 단타와 선물은 투자라기보다 '카지노'에 가깝다.

단타의 함정: 사팔사팔은 계좌를 녹인다

초보자들은 흔히 이런 상상을 한다. "저점에서 사서 고점에서 팔고, 떨어지면 다시 사고… 이걸 반복하면 수익이 몇 배는 더 나지 않을까?"

그러나 [통찰 뼈대 10. 예측 불가의 법칙]에서 배웠듯, 고점과 저점은 누구도 정확히 알 수 없다. 이른바 '사팔사팔(사고팔고 사고팔고)'을 하다가 무너지는 패턴은 대개 이렇게 흘러간다.

(1) 몇 번 운 좋게 작은 수익(5~10%)을 얻는다.

(2) 사신감이 붙이 매도했는데, 가격이 조정 없이 급등한다.

(3) 다급해진 마음에 아까 판 가격보다 더 비싸게 다시 산다. (추격 매수)

(4) 결국 수량은 줄어들고, 평단가는 높아진다.

빈대 잡으려다 초가삼간 태우듯, 잔파도 타려다 거대한 파도(대세 상승)를 놓치는 우를 범하지 마라.

선물의 늪: 100번 이겨도 1번 지면 끝이다

선물(Futures)은 강한 유혹이다. "저배율로 하면 안전하지 않나요?"라고 묻지만, 그것은 구조를 과소평가한 생각일 수 있다. 하루 종일 차트를 보는 프로 트레이더조차 감정을 통제하지 못해 청산을 경험하는 곳이 선물 시장이다.

[통찰 뼈대 6. 도축의 법칙]을 기억하는가? 2025년 10월 11일, 단 몇 분 만에 발생한 플래시 크래시는 선물 투자자들에게 큰 손실을 안겼다. 거액을 운용하던 투자자들조차 순간적인 변동성 앞에서는 대응이 어려웠다. 시장이 커질수록 난이도는 올라가고, 세력의 변동성 활용 방식은 더욱 정교해진다. 예측할 수 없는 '빔(Beam)' 한 방에 인생을 걸지 마라. 그것은 투자라기보다 러시안룰렛에 가깝다.

'물고기'가 아니라 '낚시하는 법'을 익혀라

우리가 투기가 아닌 정석 투자(정도)를 택해야 하는 가장 큰 이유는 하나다. '지속 가능성' 때문이다. 단타나 선물로 번 돈은 종종 '운(Luck)'의 영향을 크게 받는다. 운으로 번 돈은 다시 운에 의해 사라질 가능성도 크다. 하루 16시간 차트를 보지 않는 이상, 결국 확률 게임에 가까워진다. 남는 것은 도파민 중독과 피로해진 정신뿐일 수 있다.

하지만 올바른 투자는 다르다. 투자 법칙을 공부하고, 변동성 앞에서 멘탈을 훈련하며, 긴 호흡으로 시장을 견디는 과정은 당신에게 '자신감'을 남긴다. 한 번의 수익보다 중요한 것은, 앞으로 평생 자산 시장에서 돈을 벌어낼 수 있는 '능력' 그 자체를 갖추는 것이다.

투기의 짜릿함보다 투자의 지루함을 견뎌라. 그 지루한 여정이
쌓여, 당신을 '쉽게 무너지지 않는 부자'로 만든다.

필승 뼈대 18 | 분산의 법칙

리스크를 제로로 만드는 포트폴리오의 기술

투자의 세계에서 '몰빵(All-in)'은 용기가 아니라 만용이다. 필자
는 진정한 안정을 위해 '저장 장소(Where)'와 '투자 종목(What)'
두 가지 차원에서 철저한 분산을 권한다.

첫째, 저장 장소의 분산(해킹 위험 대비)

가상화폐 커뮤니티에는 심심치 않게 해킹 피해 사례가 올라온
다. 가장 가슴 아팠던 사연은, 젊은 시절부터 피땀 흘려 모은 노
후 자금을 개인 지갑(Hot Wallet)에 보관했다가 해킹으로 전액을

잃고 "삶을 이어나갈 의욕이 없다"고 절규하던 어느 투자자의 이야기였다.

내 자산은 내가 지켜야 한다. 필자는 다음 두 가지 원칙을 강조한다.

(1) 아날로그가 가장 안전하다: 개인 지갑의 시드 구문(Seed Phrase)은 절대 캡처하거나 클라우드에 올리지 말고, 반드시 공책에 수기로 적어서 금고나 안전한 곳에 보관하라.

(2) 3개의 거래소 전략: 개인 지갑 사용이 어렵거나 두렵다면, 거래소를 분산하라. 필자는 '챕터 3'에서 자금의 성격에 따라 거래소를 3곳으로 나누는 법을 제안할 것이다.

① DCA 거래소: 매일, 매주 적립식으로 모아가는 곳.
② 사자의 심장 거래소: 폭락장에 과감하게 목돈을 투입하는 곳.
③ 소금거래소: 오버나잇을 대비해 영원히 팔지 않고봉인하는 곳.

둘째, 투자 종목의 분산(두 개의 기둥)
우리는 앞서 가상화폐 시장을 지탱하는 두 개의 거대한 기둥을 공부했다. 필자가 추천하는 이 '우량 알트코인' 리스트를 다시 복습해 보자.

(1) 은행권 기둥(다보스 포럼 & ISO20022 계열)

핵심: 금융, 결제, 송금, CBDC

종목: XRP, 스텔라루멘, 솔라나, 헤데라, XDC, 알고랜드, 아이오타, 퀀트, 도지

(도지코인은 기관 중심 결제 인프라를 지향하는 프로젝트는 아니지만, 테슬라 CEO 등 강력한 지지 세력과 높은 시가총액, 실제 결제 활용 사례 등을 고려해 예외적으로 포함)

(2) 비은행권 기둥(이더리움 & 디파이 계열)

핵심: 플랫폼, 스마트 컨트랙트, Web3

종목: 이더리움, 체인링크, 아비트럼, 폴리곤, 수이, 앱토스, 옵티미즘, 유니스왑, 폴카닷, 아발란체

이 리스트를 자세히 보면 각 코인은 저마다 특화된 분야(Specialty)를 가지고 있다. 완전히 동일한 역할을 하지 않고, 상호 보완하며 디지털 경제의 구조를 형성한다.

셋째, 실전 사례: 공포를 비웃는 분산 매수(옵티미즘 편)

필자는 위 리스트에 있는 코인들이 구조적으로 성장 가능성을 갖추었다고 판단한다. 그래서 [통찰 뼈대 11. 회전목마의 법칙]

을 응용해, 순환매가 돌 것을 전제로 가격이 가장 크게 조정된 자산을 우선적으로 매수한다.

대표적인 예로 옵티미즘(OP)의 가격 변동을 보자. (※ 필자의 실제 경험 및 시나리오 재구성)

23년 5월: 3,700원대
24년 1월: 5,800원대(고점)
24년 8월: 1,400원대(폭락)
26년 2월: 200원대(극도의 공포)

고점 대비 −90%가 넘는 하락. 커뮤니티에서는 "망했다", "스캠이다"라는 말이 넘쳐났고, 차트는 전형적인 '데드 캣 바운스'처럼 보이며 끝없이 추락하는 듯했다. 그러나 필자는 옵티미즘의 기술력과 생태계를 신뢰했기에, 가격이 떨어질수록 공포에 떠는 대신 분할 매수를 이어갔다.

[필승 뼈대 17. 정도의 법칙]대로 '사팔사팔' 하지 않고 묵묵히 모았고, 특히 2026년 2월, 남들이 다 떠난 200원대 구간에서는 [필승 뼈대 15. 사자의 심장]을 발동해 비중을 전략적으로 확대했다. 이것이 분산의 힘이다. 하나의 종목에 집착하지 않고, 좋은

자산이 싸졌을 때를 골라 담는 능력. 구조를 이해한 분산 매수는 단순한 리스크 회피가 아니라, 장기적으로 수익률의 '탄성'을 키우는 전략이다.

"괜찮은 자산(ETF) 2~3개 사놓고, 나가서 운동해라. 남 신경 쓰지 말고 인생 즐겁게 살아라." _ 미국 ETF 전문 유튜버 '잼 투리'

우리가 투자를 하는 이유는 무엇인가? 돈을 벌어 사랑하는 사람들과 맛있는 것을 먹고, 여행을 가고, 행복하게 살기 위해서다. 그런데 주객이 전도되어, 투자 때문에 스트레스를 받고, 본업에 집중하지 못하고, 밤잠을 설친다면 그것은 투자가 아니라 고문에 가깝다.

아직 변동성을 견딜 내공이 부족하거나, 개인적인 사정으로 너무 바쁘다면 '두 발 자전거'를 고집할 필요는 없다. 넘어지지 않게 양옆을 잡아주는 '보조바퀴'를 달고, 잠시 투자를 잊고 현생(직업과 일상)에 집중하는 것도 충분히 현명한 전략이다.

보조바퀴 전략 1: 시스템에 맡기고 잊어라(Set & Forget)

필자의 책을 읽고 공부를 마쳤다면, 올바른 투자를 시작할 준비는 되어 있을 것이다. 하지만 머리로 아는 것과 가슴으로 버티는 것은 전혀 다른 문제다. 만약 실시간으로 변하는 가격을 보는 것이 괴롭다면, '자동 매수 시스템(보조바퀴)'을 장착하고 앱을 꺼라.

방법: 현재가보다 낮은 가격 구간에 비율을 높여 '분할 예약 매수'를 걸어둔다.
마인드: "체결되면 싸게사서 좋고, 안 되면 내 현생 살아서 좋다."

코인 시장은 변동성이 크기에 오르는 폭도, 내리는 폭도 크다. 가능하면 싸게 사는 것이 구조적으로 유리하다. 예약 매수를 걸어두고 본업에 집중해라. 폭락장이 와서 커뮤니티에 곡소리가 나고 서로를 조롱할 때, 당신은 차트를 붙들고 괴로워하는 대신 낮은 평단가로 수량을 확보하고 있을 것이다.

강세장에서 추격 매수한 사람들보다, 당신의 계좌가 더 자주 '빨간불'을 켤 가능성이 높다.

보조바퀴 전략 2: 알람이 울리면 돌아와라(Wake Up Call)

투자를 잊고 지내라는 것이 방치하라는 뜻은 아니다. 농부가 씨를 뿌리고 잊고 지내다가도, 추수철(강세장)이 오면 낫을 들고 밭으로 나가야 한다.

비트코인 반감기 주기가 과거와 달라진 지금, 다음 강세장이 2년 뒤일지 5년 뒤일지는 누구도 단정할 수 없다. 그러니 매일 차트를 들여다보는 대신 '세상의 신호'를 알람으로 삼아라.

• 뉴스가 코인 이야기로 도배될 때
• 공포탐욕지수가 '탐욕'을 찍을 때
• 주변 지인들이 "지금 코인 사도 돼?"라고 물어볼 때

아무리 바빠도 이때만큼은 잠시 돌아와야 한다. 그리고 높아진 가격에 맞춰 '분할 매도'를 준비해라. 그 수익 실현이야말로, 그동안 투자를 잊고 현생을 충실히 살아온 당신에게 주어지는 보너스다.

투자는 마라톤, 지치면 진다

ETF는 자동 리밸런싱을 해주기에 변동성이 낮고 손실 폭도 상대적으로 제한적이다. 대신 수익률도 완만하다. 반면 가상화폐는 변동성이 크지만, 그만큼 수익의 폭도 크다. 그러나 이 높은

수익률도 내가 '시장에 살아남아 있을 때'만 내 것이다.

너무 힘들거나 바쁘다면 잠시 잊어라. 개인적으로 복잡하고 힘든 일이 있다면 그것부터 정리해라. 마음이 안정되고 여유가 생겼을 때, 그때 다시 보조바퀴를 떼고 달려도 늦지 않다. 투자는 평생 하는 것이다. 건강한 멘탈은 그 긴 여정을 완주하게 해주는 유일한 엔진이다.

필승 뼈대 20 | 여유의 법칙

멘탈을 지키는 자금 관리의 기술

> "투자는 IQ 160인 사람이 IQ 130인 사람을 이기는 게임이 아니다. 기질(Temperament)이 이성(rationality)을 이기는 게임이다." _워런 버핏

투자의 승패는 차트 분석이 아니라, '어떤 돈'으로 투자했느냐에서 이미 절반은 결정된다. 필자는 단호하게 말한다. 투자는 반드시 '없어도 되는 돈(여윳돈)'으로 해야 한다.

돈에는 꼬리표가 붙어 있다. '대출금', '노후 자금', '전세금' 같은 꼬리표가 붙은 돈은 시장의 작은 파도에도 겁을 먹고 도망친다. 반면, '여윳돈'이라는 꼬리표가 붙은 돈은 태풍이 와도 꿋꿋하게 버틴다.

강세장에서 빚투(빚내서 투자)는 필패의 지름길이다

강세장이 오면 사람들은 흥분해서 대출을 받는다. "지금 사면 오를 것 같은데, 이자 5%가 대수냐?"라고 생각한다. 하지만 이것은 투자라기보다 레버리지 도박에 가깝다.

시간의 압박: 대출에는 '만기'와 '이자'가 있다. 코인 시장은 변동성이 커서 회복에 시간이 걸릴 수 있다. 그러나 빚으로 투자한 사람은 그 시간을 기다릴 여유가 없다.

멘탈 붕괴: [통찰 뼈대 10. 예측 불가의 법칙]처럼 고점은 누구도 모른다. 고점에서 대출금으로 진입했다가 급락이 오면? 이자는 계속 나가고 원금은 줄어든다. 이때 오는 심리적 압박은 생각보다 크다.

여윳돈이면 "더 떨어져도 기다리자"가 가능하다. (버틸 수 있다.) 대출이면 "더 떨어지기 전에 팔아야 한다"로 바뀐다. (손절이 강요된다.)

즉, 대출투자는 단순한 수익률 문제가 아니다. 멘탈을 흔드는 구조 자체가 문제다.

절박함은 이성을 마비시킨다

커뮤니티에서 남 탓하고, 욕하고, 조롱하는 사람들의 공통점이 있다. 대화해 보면 "이 돈 없으면 안 되는 사람들"이다. 젊은 시절 피땀 흘려 모은 노후 자금 전액이나 전 재산을 강세장에서 추격 매수한다. 가격이 조금만 떨어져도 그들은 공포에 질려 이성을 잃는다. 그 돈은 잃어서는 안 되는 생명줄이기 때문이다.

용도에 맞는 자금은 용도에 맞게 남겨둬야 한다. 생활비, 월세, 교육비, 병원비, 가족의 비상금 같은 자금은 투자로 끌고 오지 마라. 또한, 내가 아프거나 급한 일이 생겼을 때를 대비한 '비상 대출 한도'는 항상 남겨둬야 한다.

피터 린치는 저서 《전설로 떠나는 월가의 영웅》에서 투자를 시작하기 전 반드시 '거울 테스트'를 거치라고 조언하며 이렇게 경고했다. "가까운 미래에 쓸 돈을 주식에 묻어둬서는 안 된다. 아이들의 대학 학비나 결혼 자금, 집 계약금 등 2~3년 뒤에 꼭 써야 할 돈이라면 주식 시장에 넣지 마라. 우량주(Blue chip)조차도 그 기간 동안 반토막이 날 수 있다."

전설적인 투자자조차 '절박한 돈'으로는 시장을 이기기 어렵다는 점을 강조했다. 기억하라. 절박한 돈은 시장에서 쉽게 흔들린다.

여유 자금은 '만드는 것'이다(필자의 노하우)

"나는 여유 자금이 없는데요?"라고 묻는다면, 여유 자금은 하늘에서 떨어지는 것이 아니라 스스로 만드는 것이다. 필자는 투자 초기, 시드를 늘리기 위해 다음과 같이 행동했다.

소비 통제: 매일 마시는 커피값, 불필요한 술자리, 취미 비용을 최대한 줄였다.

소득 증대: 주말 아르바이트를 하거나, 회사에서 추가 근무를 자청해 수당을 모았다.

이렇게 모은 돈은 '내 피땀'이 섞인 자금이기에 함부로 뇌동매매를 하기가 어렵다. 이 절제와 간절함이 투자의 신중함을 만든다.

5천 원의 힘: 금액이 작아도 위축되지 마라

투자 금액이 적다고 위축되거나 포기하지 마라. 지금 당신에게 필요한 것은 '큰돈(Result)'이 아니라 '돈을 다루는 능력(Process)'이다. 최소 투자 금액 5,000원이라도 좋다. 그 돈으로 시장을 공부하고, 변동성을 겪고, 관리하는 법을 익혀라. 사람은 인생에서

누구나 한 번쯤 큰돈을 만날 기회를 맞는다. (승진, 이직, 상속, 보너스, 사업 성공 등)

준비된 사람: 평소 작은 돈으로 훈련된 사람은 그 큰돈을 구조적으로 운용해 부를 확장한다.

준비되지 않은 사람: 훈련 없이 큰돈을 쥔 사람은 투기가 아닌 도박을 하거나, 소비와 사치로 탕진하고 다시 원점으로 돌아간다.

지금 당신이 흘리는 땀방울과 5,000원의 투자는, 훗날 찾아올 큰 자금을 담을 그릇을 빚는 시간이다.

필승 뼈대 21 | **현금의 법칙**

위기를 기회로 바꾸는 최후의 무기

"현금은 투자를 쉬고 있는 상태가 아니다. 현금은 '기회'라는 이름의 가장 안전한 투자 종목이다." _ 출처 미상 격언

투자자들은 흔히 계좌에 현금이 남아 있으면 불안해한다.

"이 돈으로 뭐라도 더 사야 하지 않을까?"

"내가 현금 들고 있는 동안 날아가면 어떡하지?"

이런 조급함 때문에 100% 자금을 코인에 꽉 채워 넣는다. 이를 '풀매수(Full Investment)'라고 한다.

하지만 필자는 강조한다. 투자 여유 자금은 일정 비율 이상 반드시 남겨둬야 한다. 현금이 없는 투자자는 전쟁터에 총알 없이 나간 군인과 같기 때문이다.

2026년 2월, 개미들의 공통된 후회

미래의 어느 시점, 가상화폐 커뮤니티에는 이런 글이 올라왔다고 가정해 보자.

"비트코인 4년 반감기 공식을 믿고 2025에 전 재산을 털어 넣었습니다. 무조건 오를 줄 알았는데, 강세장은 오지 않고 지루한 하락만 이어집니다. 더 떨어지는데 물 탈 돈이 없습니다."

많은 투자자가 [통찰 뼈대 10. 예측 불가의 법칙]을 잊고, 과거 데이터(4년 주기)만 믿은 채 올인했다. 그 결과, 패턴이 어긋나거나 예상치 못한 하락이 왔을 때 대응할 힘을 잃었다.

만약 그들에게 30%의 현금이 남아 있었다면? 그 하락장은 고통이 아니라 '평단가를 낮추고 수량을 늘릴 기회'가 되었을 것이다.

피터 린치는 1987년 '블랙먼데이'를 회상하며 중요한 교훈을 남겼다. 당시 시장에서 살아남은 자와 무너진 자를 가른 것은 '주식의 종류'가 아니라 '현금의 유무'였다.

"폭락장은 좋은 기업을 싸게 살 기회다. 그러나 빚을 냈거나 현금이 없는 사람에게 폭락장은 기회가 아니라 파산이 될 수 있다."

가격 하락 자체가 문제는 아니다. 더 살 돈이 없어 공포에 바닥에서 팔아야 하는 구조가 진짜 문제다. 현금은 단순한 종이 조각이 아니다. 폭락장이라는 전쟁터에서 당신이 반격할 수 있게 해주는 유일한 '총알'이다.

현금은 공포를 이기는 '심리적 방패'다

자산이 100% 코인으로 채워진 사람은 하락장이 오면 공포에 떤다. 계좌가 녹아내리는 것을 속수무책으로 지켜봐야 하기 때문이다. 하지만 현금을 30~50% 보유한 사람의 마인드는 완전히 다르다.

현금 0% 투자자: "제발 그만 떨어져라…. 반등 안 오나? 무섭다." (기도 매매)

현금 30% 투자자: "생각보다 더 떨어졌네? 괜찮아. 나에겐 아직 총알(현금)이 있어. 지금이 기회다. 더 싸게 사서 수량을 늘려볼

까?” (대응 매매)

현금은 하락장에서 당신의 멘탈이 붕괴되는 것을 막아주는 산소통이자, 남들이 공포에 질려 던지는 물량을 헐값에 주워 담을 수 있는 무기가 된다.

총알의 비율은 '본능'과 반대로 조절하라

그렇다면 현금을 얼마나 넘겨야 할까? 정해진 정답은 없지만, 필자는 '공포/탐욕 지수'를 기준으로 비율을 조절할 것을 추천한다.

사람들이 환호할 때(강세장): 코인을 팔아 현금 비중을 늘린다. (30% -> 50% -> 70%)

사람들이 욕할 때(약세장): 현금을 써서 코인 비중을 늘린다. (70% -> 50% -> 30%)

대부분의 개미는 반대로 행동한다. 오를 때 흥분해서 현금을 다 쓰고, 내릴 때 돈이 없어 바라만 본다. 우리는 반대로 움직여야 한다. 비율은 본인의 성향에 따라 총 투자금의 20%가 될 수도, 50%가 될 수도 있다. 중요한 건 '0%'는 절대 안 된다는 것이다.

기다림도 투자다(이자 받는 현금)

"현금을 놀리는 게 아깝다"는 생각은 버려라. 최근 가상화폐 거래소들은 예치금에 대해 연 2~4% 수준의 이자를 제공하기도 한다. 즉, 현금을 보유하고 있어도 일정한 수익이 발생한다.

사냥꾼이라면 섣불리 뛰어나가지 않는다. 수풀 속에서 숨을 고르며 때를 기다린다. 현금을 쥐고 기다리다가, 시장이 비명을 지르는 순간 방아쇠를 당겨라. 그것이 고수의 사냥법이다.

필승 뼈대 22 | 맹모삼천지교의 법칙

시너지는 '플러스'가 아니라 '곱하기'며, '빼기'가 아니라 '나누기'다.

맹모삼천지교(孟母三遷之敎), 맹자의 어머니가 자식의 교육을 위해 세 번이나 이사를 했다는 고사다. 사람은 의식하든 못하든, 주변 환경의 영향을 받을 수밖에 없다.

필자도 투자 공부를 처음엔 독학으로 시작했지만, 타임 레버리지(문창훈 작가), 유튜버 어슴새벽 같은 '좋은 환경'을 만나고 나서 실력이 눈에 띄게 달라졌다. 만약 내가 "가격만 보고 욕하는 글"이 가득한 커뮤니티만 읽었다면 어땠을까? 2016년부터 2025년까지 약 200배가 오른 엔비디아조차 '개비디아'라 조롱하는 글만 보며, 통찰은 커녕 의욕만 깎이고 투자를 포기했을지도 모른다.

필자가 말하는 시너지는 단순한 '플러스'와 '마이너스'가 아니다. 좋은 환경은 곱하기(×) 효과를 낸다.
나쁜 환경은 나누기(÷) 효과를 낸다.

같은 시간, 같은 노력을 넣어도 결과는 극으로 갈린다. 그래서 투자에서 가장 먼저 바꿔야 할 것은 '종목'이 아니라 '환경'이다.

나누기(÷) 효과: 가까이할수록 계좌와 멘탈이 깎인다

투자에 실패하고 인생이 꼬이는 사람들에게는 공통점이 있다. '억지 능력'과 '가스라이팅' 기술만 기형적으로 발달해 있다는 점이다. 대표적인 패턴은 이렇다.

(1) 요구는 크고, 책임은 없다.
(2) "네가 나한테 이걸 안 해주면 넌 나쁜 사람이야" 같은 말로 죄책감을 심는다.
(3) 본인 삶의 불만을 남에게 전가하고, 억지로 이기려 한다.
이 말을 계속 듣다 보면 잠시 흔들린다. "내가 진짜 나쁜 사람인가?"라는 생각이 들기도 한다. 하지만 그것은 '거래'가 아니라 '억지'로 관계를 끌고 가는 신호다. 투자 커뮤니티도 마찬가지다. 본인이 망했으니 남도 망하길 바라는 사람, 조롱과 분탕으로 에너지를 소비하는 사람이 있다. 심지어 유료 커뮤니티에서도 운영자를 교묘하게 비꼬는 경우를 본다. 이들과 함께하는 것은 단순한 마이너스가 아니다. 내 노력과 시간을 '나누기' 당해 0으로 수렴하게 만드는 치명적인 독이다.

대처법: 치료보다 예방이다. 애초에 깊이 엮이지 말아야 한다. 운영자의 교육에 훈련되지 않은 회원들이 많은 커뮤니티에서는 '의견'이 아니라 '정보'만 취하라.

곱하기(×) 효과: 통찰을 주는 사람과 시스템에 붙어라

투자를 배울 때 중요한 것은 지식이 아니라 통찰이다. 통찰력이란, 오랫동안 보지 못한 구조를 짧은 시간에 꿰뚫는 힘이다. 우리는 4차 산업혁명이라는 거대한 전환기에 서 있다. 과거의 상식이 그대로 통하지 않는 시대다. 이때 혼자 독학으로 모든 것을 해결하려는 것은 효율적이지 않다.

필자 역시 혼자가 아니었다. '타임 레버리지' 문창훈 작가와 유튜버 어슴새벽 같은 멘토를 통해 시야를 넓힐 수 있었기에 성장 속도가 달라졌다. 좋은 스승과 동료는 당신의 노력에 '곱하기'가 된다.

나 혼자 노력(10) = 10

나 혼자 노력(10) ÷ 가스라이터(2) = 5

나 혼자 노력(10) × 좋은 멘토(10) = 100

강세장에서 "지금이 기회다, 무조건 사라"를 반복하는 사람보다, 시장의 구조를 설명해 주는 진짜 전문가를 곁에 둬라. 지금의 상식이 몇 년 뒤에도 통할 것이라는 보장은 없다. 그래서 더더욱 '지식'이 아니라 '통찰(곱하기 효과)'을 배워야 생존할 수 있다.

승승(Win-Win)의 법칙: 거래의 달인이 되어라

스티븐 코비는 그의 저서 《성공하는 사람들의 7가지 습관》에서 인간관계를 4가지로 정의했다.

승승(Win-Win): 나도 이기고 너도 이긴다. (성공한 부자들의 방식)

승패(Win-Lose): 나만 이기고 너는 져야 한다. (가스라이터, 사기꾼)

패승(Lose-Win): 나는 지고 너만 이겨라. (호구)

패패(Lose-Lose): 나도 죽고 너도 죽자. (물귀신)

성공을 반복하는 사람은 '거래 능력'이 발달해 있고, 실패를 반복하는 사람은 '억지 능력'이 발달해 있다. 자수성가한 부자들은 철저하게 승승을 추구한다. 배려가 손해가 아니라, 결국 더 큰 이익으로 돌아온다는 구조를 이해하기 때문이다. 이것이 고도로 발달된 거래 능력이다.

당신은 어떤 사람인가? "나는 성공한 사람들이 곁에 두고 싶어 하는 '승승'의 사람인가?" "아니면 억지를 부려 에너지를 뺏는 '승패'의 사람인가?"

만약 가족이나 오랜 친구가 '승패'의 사고방식을 강요한다면, 냉정하지만 거리를 둬야 한다. 친구라면 의절하고, 가족이라면 물리적/심리적 거리를 둔 채 투자로 성공하여 결과로 증명해라.

> "말을 쫓지 마라. 너의 초원에 풀을 심어라. 풀이 무성해지면 명마가 스스로 찾아온다." _출처 미상 격언

당신이 배우는 스승 3명, 그리고 자주 만나는 주변 사람 3명의 평균이 곧 미래의 당신이다.

지금 당장 당신의 초원에서 잡초를 뽑아라. 그리고 명마가 뛰어놀 수 있는 환경을 만들어라.

환경이 바뀌면, 당신의 곱하기가 시작된다.

필승 뼈대 14

분할의 법칙 → 어떻게 진입하는가

시간을 이기는 기술(거치식이 아닌 적립식으로 리스크를 0에 수렴시키는 구조)

필승 뼈대 15

사자의 심장 법칙 → 언제 매수하는가

본능을 거스르는 용기(남들이 공포에 질려 던질 때 바닥을 잡는 야수성)

필승 뼈대 16

소금의 법칙 → 무엇을 지키는가

미래를 위한 봉인(오버나잇을 대비해 절대 팔지 않을 물량 확보)

필승 뼈대 17

정도의 법칙 → 어떤 길을 가는가

도박의 거부(단타와 선물을 멀리하고 군자의 큰길을 걷는 뚝심)

필승 뼈대 18

분산의 법칙 → 어떻게 구축하는가

무너지지 않는 성벽(해킹 대비와 섹터별 분산을 통한 철통 방어)

필승 뼈대 19

보조바퀴의 법칙 → 어떻게 버티는가

삶을 지키는 거리두기(투자가 현생을 잠식하지 않도록 시스템에 맡기는 전략)

필승 뼈대 20

여유의 법칙 → 무엇으로 하는가

멘탈의 갑옷(대출과 절박함을 버리고, 없어도 되는 돈으로 만드는 필승 구조)

필승 뼈대 21

현금의 법칙 → 무엇이 무기인가

위기를 기회로 바꾸는 총알(현금은 쉬는 돈이 아니라 가장 안전한 기회 자산)

필승 뼈대 22

맹모삼천지교의 법칙 → 누구와 함께하는가

운명을 바꾸는 곱하기(나누기 효과를 주는 사람을 멀리하고, 곱하기 효과를 주는 멘토와 환경을 선택)

스마트 투자자는?

시간을 쪼개고(14) → 공포를 사냥하며(15) → 물량을 봉인하고
(16) → 정석의 길을 걷고(17) → 위험을 분산하고(18) → 시스템
에 맡기며(19) → 여유 자금으로 버티고(20) → 현금이라는 총알
로 기회를 노리다가(21) → 곱하기 환경을 만나(22)

마침내 경제적 자유라는 졸업장을 손에 쥔다. 이제 이 9가지 필
승 뼈대는 단순한 기술이 아니라, 한 사람의 투자 인생을 완성하
는 구조다.

05

22개 뼈대(Framework)를 완성하며

놀이터인가, 생지옥인가

영화 〈신의 한 수: 귀수편〉에서 스승 허일도(김성균 분)는 어린 귀수에게 눈을 가리고 두는 '맹기 바둑'을 혹독하게 가르치며 이렇게 말한다.

"명심해라. 너한테 세상은 둘 중 하나야. 놀이터가 되든가, 생지옥이 되든가."

자본주의 시장도 다르지 않다. 투자를 공부하지 않고 덤비는 자에게 시장은 생지옥이지만, 준비된 자에게는 놀이터가 된다.

놀이터: 머릿속에 바둑판(시장의 흐름과 통찰)이 그려지는 고수에게 세상은 마음껏 활용할 수 있는 공간이다.

생지옥: 아무것도 보이지 않는 무지(無知)의 상태로 덤비는 하수에게 세상은 가진 것을 빼앗기는 잔혹한 곳이다.

필자는 독자 여러분이 이 시장을 '놀이터'로 만들길 바라는 마음으로 총 22개의 뼈대를 세웠다.

[5+8+9 = 22(Master Builder)]

[5] 생존(Defense) 뼈대

탐욕과 공포라는 인간의 본성을 이겨내고, 시장에서 살아남기 위한 5개의 방어.

[8] 통찰(Insight) 뼈대

무한히 순환하는 돈의 흐름을 꿰뚫어 보는 8개의 시장 통찰력.

[9] 필승(Method) 뼈대

실전 기술을 마스터하여 투자를 완성하는 9개의 필승 해법.

우리는 5가지 방어술을 통해 강세장에서 '생존'하는 법을 배웠고,

8가지 통찰력을 통해 시장의 흐름을 익혔으며,

9가지 필승 투자법으로 성공 투자를 완성했다.

이 22가지 뼈대(Framework)를 통해 당신은 흔들리는 '개미'에서 구조를 이해하는 '마스터'로 성장하게 될 것이다.

우리는 이제 무너지지 않는 투자의 뼈대를 세웠다. 이론과 무장은 끝났다. 이제 남은 것은 단 하나, 3가지 시장의 파도(강세장, 폭락장, 조정장) 위에서 이 무기들을 실제로 사용하는 '실전(Action)'의 시간이다.

Chapter 3

ACTION

: 강세장·폭락장·조정장 실전 대응 전술

01

계좌와 멘탈을 잡아주는 3단계 시스템

전쟁터에 나가기 전, 가장 먼저 해야 할 일은 무기를 점검하고 진지를 구축하는 것이다. 우리는 앞서 챕터 2에서 배운 [22개의 뼈대]를 완벽하게 실행하기 위해, '의지'가 아닌 '시스템'을 세팅할 것이다.

대부분의 투자자가 실패하는 이유는 의지가 약해서가 아니다. 감정에 휘둘릴 수밖에 없는 환경에 자신을 방치했기 때문이다. 머리로 아는 것과 몸으로 행하는 것의 간극을 줄이는 유일한 방법은 환경을 강제하는 것이다. 지금부터 당신의 투자를 성공으로 이끄는 3단계 시스템을 구축하자.

1단계: 3개의 거래소 계좌 분리(시스템 구축)

하나의 계좌에 단기, 장기, 적립식 투자가 뒤섞이면 결국 감정도 뒤섞이게 된다. 우리는 3개의 서로 다른 거래소 계좌를 개설하여, 각각의 전략을 철저히 분리해서 운용할 것이다.

(1) DCA 거래소 계좌(적립식)

연결: [챕터 2 - 필승 뼈대 14. 분할의 법칙]

목표: 벤저민 그레이엄의 철학대로, 감정을 배제한 기계적이 분할 매수를 통해 평단가를 관리하고 절대 망하지 않는 투자를 실행한다.

(2) 사자의 심장 거래소 계좌(공포 매수)

연결: [챕터 2 - 필승 뼈대 15. 사자의 심장 법칙]

목표: 워런 버핏의 말처럼 "남들이 두려워할 때 탐욕을 부리기" 위해, 폭락장이 오면 과감하게 사냥에 나서는 계좌다. 평소에는 현금을 보유하고 기다린다.

(3) 소금 거래소 계좌(장기 보유)

연결: [챕터 2 - 필승 뼈대 16. 소금의 법칙]

목표: 오버나잇(초급등)이나 어떤 변동성에도 흔들리지 않고, 목표가(졸업)까지 절대 팔지 않고 묵혀두는 '소금' 같은 물량을 보

관한다.

아직 가입하지 않은 거래소가 있다면, 포털 사이트에서 '추천인 코드'를 검색하여 가입하자. 신규 가입 혜택이나 수수료 할인 등은 놓치기 아까운 공돈이다. 스마트 투자자는 단돈 1원이라도 소중히 여겨 시드머니에 보태는 사람이다.

2단계: 감정의 기록이 곧 돈이 된다(투자 일기)

투자는 숫자 싸움이 아니라 멘탈 싸움이다. 거래소 계좌의 수익률에 따라 요동치는 내 감정을 있는 그대로 기록해 보자. 이것은 훗날 당신을 지켜줄 가장 강력한 데이터가 될 것이다.

(1) 가면을 벗고 솔직하게 적어라

이 일기장은 누구에게 보여주기 위한 것이 아니다. 당신의 탐욕, 공포, 지루함을 날것 그대로 적어라.

(긍정): "공포에 샀는데 반등했다. 내 판단이 맞았어! 생각보다 할 만한데?"

(부정): "괜히 샀나? 내가 도대체 무슨 짓을 한 거지? 오르는 거 추격 매수하다가 또 물렸어."

(지루함): "진짜 지독하게 안 오른다. 나 죽기 전에는 오를까? 앱 켜기도 싫다."

(2) 가장 쉬운 도구, '내게 쓰는 메일'

꼭 볼펜을 들고 종이에 쓸 필요는 없다. 형식이 부담스러우면 지속할 수 없다. 필자는 포털 사이트 메일의 '내게 쓰기' 기능을 적극 추천한다. '투자 일기' 폴더를 따로 만들어 나에게 메일을 보내두면, 일기장을 잃어버릴 염려도, 데이터가 날아갈 걱정도 없다. 스마트폰만 있다면 언제 어디서든 그 순간의 감정을 기록할 수 있고, 그 데이터는 영원히 당신의 자산으로 남을 것이다.

기록하지 않으면 실수는 반복되지만, 기록하면 실수는 '경험'이 되고 성공은 '실력'이 된다.

3단계: 당신이 얻게 될 3가지 깨달음

이 시스템을 구축하고 꾸준히 반복한다면, 당신은 자연스럽게 다음의 3가지 진리를 몸으로 깨닫게 될 것이다.

(1) 후회의 재정의

강세장이 찾아오면, 과거 그토록 무서웠던 폭락장과 지루했던 횡보장이 사실은 "황금 같은 기회"였음을 뼈저리게 느끼며 '더 살걸' 하고 후회하게 된다. 특히 두 번째 계좌(사자의 심장)를 제대로 실천했다면 엄청난 수익률을 목격하며 '내 마음이 불편할 때가 투자 적기구나'를 깨닫게 된다.

(2) 군중심리의 이해

강세장에서 뒤늦게 뛰어들어 고점에 물려보면, 왜 고수들이 "환호할 때 떠나라"고 했는지 몸으로 이해하게 된다. 그리고 비로소 차트가 아닌 투자의 역사와 심리를 제대로 공부하기 시작한다.

(3) 자부심의 탄생

대중이 다 떠나고 아무도 관심 갖지 않는 조용한 시장에서 묵묵히 매수 버튼을 누를 때, 당신은 전율을 느낄 것이다. "나도 이제 휩쓸리는 개미가 아니라, 시장을 역행하는 스마트 투자자가 되었구나."

자, 계좌와 멘탈의 준비는 끝났다. 이제 본격적으로 3가지 시장 상황 속으로 들어가, 당신의 투자 내공을 완성해 보자.

강세장:
시장이 허락한 수익만 가져라

관점의 전환: 세력의 의자(Chair)에 앉아보자(5가지 불길)

우리는 앞선 챕터에서, 강세장에서 개미들이 어떻게 털리는지 원리를 배우고 소중한 자산을 지키는 '5가지 방어술'을 익혔다.

이제 우리는 수비수가 아닌 공격수가 되어볼 것이다. 시험을 잘 보기 위해 출제자의 의도를 파악하듯, 이번 챕터에서는 '개미의 양털을 깎는 세력(Market Maker)'의 입장이 되어 시장을 바라볼 것이다.

자, 당신은 이제 거대 자본을 움직이는 세력의 설계자다. 여기 탐욕에 눈이 먼 수많은 개미가 있다. 준비한 '5가지 불길'로 그들의 계좌를 어떻게 태워버릴지, 그 냉혹한 시나리오를 시작해 보자.

첫 번째 불길: 한정 판매의 불꽃(The FOMO Fire)
– "고민하는 순간, 이미 늦게 만들어라"

(세력의 작전 회의실)

세력 리더: "자, 드디어 파티가 시작됐다. 첫 번째 불을 점화해 볼까? 개미들이 간을 보거나 계산할 틈을 주지 마. 순식간에 '어깨' 구간까지 가격을 쳐올려. 그리고 거기서부터 머리 꼭대기까지 지루하게 횡보시키면서 천천히 끌고 가는 거야. 그래야 의심 많던 개미들이 '아, 진짜 상승장이구나' 하고 안심하고 들어오거든."

참모: "하지만 리더님, 하락장과 조정장에서 꾸준히 매집해 온 '스마트 투자자'들은요? 그들은 수익을 내고 나갈 텐데요?"

세력 리더: (비웃으며) "상관없어. 그들은 어차피 우리 작전에 속지 않아. 그냥 둬. 우리의 타깃은 그 소수가 아니야.

뒤늦게 눈이 뒤집혀서 들어올 99%의 '겁쟁이들'이
지. 그들에게 수익을 조금 나눠주더라도, 인내심 없
고 욕심만 가득한 개미들을 고점에 가두는 게 수백
배는 더 남는 장사야. 재밌지 않아? 하락장에서는
무서워서 벌벌 떨던 겁쟁이들이, 가격이 오르니까
갑자기 '스마트 투자자'인 척 분석을 하고 자기가 '투
자 고수'라고 착각하기 시작했어. 무릎에 사서 어깨
에 파는 게 '투자'인데, 저들은 어깨에 사서 머리가
어디인지도 모르고 파는 '투기'를 하고 있는 거야."

[합정대형 Insight: 시작이 반이다? 아니, 시작이 망(亡)이다]

속담에 '시작이 반이다'라는 말이 있다. 하지만 투자판에서 이
말은 다르게 쓰여야 한다. "공포장과 하락장에서 외면하다가, 대
중이 환호할 때 시작하는 것은 이미 계좌의 절반을 잃고 시작하
는 것이다."

세력은 당신이 편안함을 느낄 때를 노린다. 기억하라. 강세장의
달콤한 열매는 오직 공포와 지루함을 견뎌낸 자들만의 몫이다.
지금 당신이 느끼는 그 환희가, 세력이 지른 '첫 번째 불길'에 반
응한 것 일 수 있다.

두 번째 불길: 세이렌의 불꽃(The Siren's Fire)
– "달콤한 노래로 파멸을 유혹하라"

(세력의 작전 회의실)

세력 리더: "자, 이제 판을 키워보자. 언론사에 보도 자료 뿌려. 온갖 장밋빛 호재로 도배를 하고, 유명하다는 전문가들 방송에 내보내서 '지금이 아니면 평생 기회 없다'고 확신을 심어주라고. 그리고 잊지 마. 가격은 계속 올리되, 떨어지는 폭(조정)은 아주 얕게 만들어야 해. 그래야 개미들이 '와, 이 코인은 정말 튼튼하구나', '떨어지질 않네'라고 착각하고 안심하게 되거든. 놈들이 대출까지 받아서 들어오게 만들려면 '가짜 안정감'을 주는 게 핵심이야."

참모: "그런데 리더님, 시장 분위기가 너무 과열되니까 '스마트 투자자'들이 위험하다고 경고하기 시작했습니다. 견제할까요?"

세력 리더: (손을 휘저으며) "놔둬. 쓸데없이 힘 뺄 필요 없어. 지금 눈 돌아간 개미들은 이성적인 경고 따위 안 들어. 오히려 용기 있게 '지금은 위험하다'고 말하는 그들을

'겁쟁이', '돈 벌 줄 모르는 바보'라고 비웃을걸? 조금만 기다려 봐. 우리가 수익을 조금 더 주면, 개미들은 스마트 투자자들한테 가서 따질 거야. '너 때문에 쫄아서 못 샀잖아! 책임져!'라고 욕하면서 말이야. 결국 탐욕에 눈먼 다수의 목소리가 진실을 덮어버리는 법이지. 우린 그 '집단 최면'을 즐기기만 하면 돼."

강세장의 절정에서는 기이한 현상이 벌어진다. '위험을 경고하는 용기'가 '겁쟁이의 비겁함'으로 매도당하고, '무모한 탐욕'이 '용감한 투자'로 칭송받는다.

세이렌의 노래(언론, 전문가의 확신, 얕은 조정)가 들려올 때, 당신은 귀를 막고 돛대에 몸을 묶어야 한다. 주변에서 "너 때문에 돈 못 벌었어!"라고 당신을 비난한다면, 화내지 말고 조용히 미소 지어라. 그 비난은 당신이 틀렸다는 신호가 아니라, 폭락이 머지않았다는 가장 확실한 시그널이기 때문이다. 대중의 조롱은 스마트 투자자에게는 최고의 '매도 신호'다.

세 번째 불길: 소각의 불꽃(The Incineration Fire)
– "탈출구는 없다, 위 아래 모두 태워라"

(세력의 작전 회의실 - 파티의 끝)

세력 리더: "자, 우리는 저점에서 매집한 물량을 어깨에서 털며 이미 본전은 챙겼다. 이제 남은 건 '극대화된 수익'뿐이야. 창밖을 봐. 여기가 고점인 줄도 모르고, 대출까지 끌어온 개미들이 구름 떼처럼 몰려들고 있어. 저 탐욕스러운 불나방들이 우리의 마지막 연료다."

참모: "그럼, 이제 물량을 한 번에 던져서 폭락시킬까요?"

세력 리더: (혀를 차며) "아마추어같이 왜 그래? 그냥 떨어뜨리면 재미없잖아. '레버리지(빚)'까지 털어 먹어야지. 잘 들어.

1단계: 먼저 가격을 급락시켜. 뒤늦게 탑승한 '롱(매수) 포지션' 개미들을 청산시켜서 태워버려.

2단계: 개미들이 공포에 질려 손절하거나 '숏(매도) 포지션'을 잡으면, 다시 반등을 줘서 희망 고문을 해. 이때 '숏 물량'까지 청산시켜서 위쪽으로도 태워버리는 거야.

3단계: 위 아래로 탈탈 털어서 빈털터리가 되면, 그때 진짜 지옥으로 밀어버린다."

참모: "롱도 죽이고, 숏도 죽이고… 결국 아무도 살아서 나갈 수 없겠군요."

세력 리더: (잔인하게 웃으며) "그게 바로 '설거지'야. 남은 뼈 한 조각까지 싹 소각시키고 우리는 유유히 현금을 들고 떠난다. 이 아비규환의 불길 속에서 타오르는 건, 결국 욕심 많은 개미들의 계좌뿐이니까."

[합정대형 Insight: 생선의 머리는 고양이에게 줘라]

우리는 앞서 [방어 뼈대 3. 살얼음판의 법칙&생선 머리의 미덕]을 배웠다. 세력이 지른 '소각의 불꽃'이 타오르는 구간이 바로 '생선 머리(고점)'다.

이 구간은 실력이 아니라 광기가 지배하는 곳이다. 세력은 당신이 수익을 내고 나가게 두지 않는다. 급락과 급등을 반복하며 당신의 멘탈과 잔고를 동시에 태워버릴 것이다.

기억하라. 대중이 확신에 차서 몰려들 때가, 당신이 떠나야 할 유일한 시간이다. 상승할 때마다 비율을 높여서 팔아라. 오른다고 모두 팔지 말고 반드시 남겨두자. 더 오르면 남은 물량을 더 비싸게 팔아서 좋고 강세장이 끝나면 이미 많은 수익을 확보해서 좋다. 고점은 어디인지 누구도 모른다. 가장 맛있는 머리 부분은 세력과 고양이에게 양보하라. 이러한 '여백의 미학'만이 당신의 자산을 이 지옥불에서 구원할 것이다.

네 번째 불길: 회전의 불꽃(The Rotation Fire) – "네 것이 오르지 않을 때, 남의 것을 탐하게 하라"

(세력의 작전 회의실)

세력 리더: "거대한 자금의 흐름을 봐라. 우리는 먼저 원자재(금, 은, 구리)를 띄웠고, 그 다음 주식 시장을 불태웠지. 이제 드디어 '코인 판'으로 돈을 옮길 차례다."

신입: (패기 넘치게) "알겠습니다! 그럼 제가 비트코인부터 잡코인까지 싹 다 한 번에 올려버리겠습니다! 불장 가즈아!"

세력 리더: (한심하다는 듯 꿀밤을 때리며) "야, 이 멍청아! 너 양털 깎기 처음 해보냐? 2021년 불장 때는 알트코인이 고작 1만 개 수준이었어. 근데 지금 2025년, 2026

년에는 잡코인까지 합치면 100만 개가 넘어. 그 무거운 걸 무슨 수로 다 같이 올려? 우리 자금이 무한대야?”

신입: (주눅 들며) “죄… 죄송합니다. 그럼 우량한 놈들만 골라서 올릴까요?”

세력 리더: “하, 답답하네. 잘 들어. ‘번갈아 가면서(Rotation)’ 올리는 거야. 일단 처음에는 잡코인 몇 개만 시범적으로 올려. 거기에 당하는 개미가 있으니까. 그 이후에 ISO20022 코인을 크게 띄우면 개미들이 RWA 코인을 팔고 추격 매수하러 오겠지? 그럼 그때 ISO20022를 던지고 RWA를 크게 띄우는 거야. 그래야 개미들이 ‘떨어진 거 손절하고, 오른 거 추격 매수’하면서 양방향으로 시원하게 털리니까. 우린 그 차익만 챙기면 돼. 참모! 얘 데리고 가서 교육 좀 다시 시켜. 이런 아마추어를 데리고 작전을 하겠나.”

우리는 [방어 뼈대 4. 회전목마의 법칙&뚝심의 원칙]에서 배웠다. 강세장은 모든 말이 동시에 달리는 경주가 아니다. 한 놈이

뛰면 한 놈은 쉬어야 하는 '순환매(Rotation)' 장세다.

세력이 지른 '회전의 불꽃'은 당신의 인내심을 태우기 위한 것이다. 내 코인만 안 오르고 옆 동네 코인이 폭등할 때, 개미는 소외감과 질투에 눈이 멀어 잘 가지고 있던 우량 코인을 헐값에 넘기고 급등주에 올라탄다. 그리고 바로 그 순간, 내가 판 코인은 오르고 내가 산 코인은 곤두박질친다.

기억하라. 당신이 가진 것이 '쓰레기'가 아니라면, 반드시 당신의 차례는 온다. 남의 떡이 커 보일 때가 가장 위험한 때다. 회전목마가 멈춰 있다고 뛰어내리지 마라. 다음 바퀴에 돌아가는 건 바로 당신의 말이다.

다섯 번째 불길: 성동격서의 불꽃(The Diversion Fire) – "동쪽에서 소란을 피우고, 서쪽을 쳐라"

(세력의 작전 회의실)

세력 리더: "야, 저기 차트쟁이들 좀 봐라. 17년, 21년 불장에서 돈 냄새 좀 맡았다고 자칭 '전문가' 행세를 하고 있어. 우리가 심심해서 프랙탈(과거와 유사한 패턴) 몇

번 그려줬더니, 이젠 자기들이 세력의 마음을 다 읽는 줄 착각하고 있군. '어느 시기 안에 강세장 온다'고 떠들썩하게 예측하고 있지? 좋아, 그들의 예상을 보기 좋게 짓밟아 줘. 반대로 지옥 끝까지 꽂아버려."

(잠시 후, 시장이 폭락하자)

참모: "리더님, 우리가 예측과 다르게 밀어버리니까 전문가들이 태세를 전환했습니다. '강세장 관점은 폐기되었습니다. 이제 긴 하락장(빙하기)이 올 겁니다'라고 하면서 대중들에게 공포를 심어주고 있는데요?"

세력 리더: (피식 웃으며) "멍청한 놈들. 하나만 알고 둘은 몰라. '강세장 예측'이 틀렸다면, 놈들의 '하락장 예측'도 틀릴 수 있다는 걸 알아야지. 대중과 전문가가 '이제 끝났다'고 입을 모아 합창할 때 무슨일이 일어나는지 알아? 바로 우리만의 파티를 시작할 신호탄을 쏘는 거야. 더 잔인하게 털어. 아주 극소수의 독종만 남을 때까지. 그리고 모두가 떠나고 세상이 조용해지면 아무도 모르게 조용히 '어깨' 위로 올려놓는다."

우리는 [방어 뼈대 5. 성동격서의 법칙&소수결의 원칙]에서 배웠다. 투자의 세계에서 다수의 의견이 일치할 때는, 반드시 의심해야 한다.

세력은 대중이 보고 있는 곳(전문가의 예측)에서는 소란만 피우고, 실제로는 정반대 방향(예측 불허의 무빙)으로 자산을 옮긴다. 전문가들이 "과거 데이터상 지금은 오를 때"라고 하면 내리고, "데이터상 이제 끝났다"라고 하면 올린다.

기억하라. 모두가 예스(Yes)라고 할 때 노(No)라고 외치며 외로운 길을 가는 것. 그 '고독'만이 당신을 세력의 속임수에서 구원할 유일한 동반자다.

강세장의 끝: 세력의 완벽한 마무리

(세력의 작전 회의실)

세력 리더: (와인잔을 들며 차트를 그윽하게 바라본다.) "자, 이제 이 화려했던 파티도 끝낼 시간이 왔네. 지금 차트를 봐. 이동평균선이 정배열로 뻗어 있고, 온갖 보조지표

가 '강력 매수'를 외치고 있어. 차트가 정말 아름답지 않나? 개미들은 이 완벽함에 취해 집문서까지 걸고 전 재산을 털어 넣고 있어. 탐욕이 정점에 달했다는 증거지."

참모: "그럼 이제 셧다운(Shutdown) 할까요?"

세력 리더: "그래. 강세장이 영원히 지속될 거라는 마지막 환상, '데드 캣 바운스'를 주면서 서서히 불을 꺼라. 강세장은 끝났다. 이제부터는 무자비한 폭락뿐이야. 우린 현금을 챙겨서 떠난다. 그리고 먼 훗날, 개미들의 비명소리마저 사라지고 아무도 거들떠보지 않는 폐허가 되면…, 그때 조용히 다시 돌아오자구."

※ **데드 캣 바운스(Dead Cat Bounce):** "높은 곳에서 떨어지면 죽은 고양이도 튀어 오른다"는 월가 격언에서 유래한 말. 주가가 대폭락할 때 일시적으로 반등하는 현상을 뜻한다. 개미들은 이를 '상승 전환'으로 착각하고 추격 매수하지만, 이는 하락 추세가 끝난 것이 아니라 더 깊은 지옥으로 떨어지기 직전의 마지막 널 뛰기일 뿐이다.

03

초보를 위한 강세장 대응법: -75%의 미학

개미들이 강세장에서 고점에 물리는 역사는 항상 반복되었다. 그리고 앞으로도 반복될 것이다. 하지만 그럼에도 불구하고 초보 투자자분들은 강세장에서 큰 금액을 넣고 싶어 할 것이다. 그래서 필자는 초보 투자자분들께 간곡히 조언한다.

"강세장에서 투자가 처음이라면 최근 고점 대비 -75% 예약 매수 혹은 -50% 예약 매수를 강력 권장합니다."

초보 개미는 이렇게 얘기할 수 있다. "그게 무슨 소리입니까? -75% 혹은 -50% 예약 매수요? 이번 강세장에서 투자를 하지 말라는 겁니까?"

필자는 투자를 하지 말라고 한 적이 없다. 투기를 하지 말라고 조언하는 것이다.

투자 = 하락장과 조정장 때 더 떨어질지 모른다는 두려움을 담대함으로 극복하고 지루함을 인내로 극복하여 매수한 사람이 (무릎에서 사서) 대중이 몰려오는 강세장에서 매도하는 것(어깨에 파는 것).

투기 = 하락장과 조정장 때 더 떨어질지 몰라서 투자를 하지 않고 언제 오를지 모르는 지루함을 인내하기 싫은 사람이 대중이 몰려오는 강세장에서 매수하여(어깨) 어딘지도 모르는 고점만 쳐다보다가(머리), 결국 세력에게 털리고 나오는 것.

투자는 철학이 있는 실력이지만, 투기는 철학이 없는 도박이다.

왜 최근 고점 대비 -75% 예약 매수인가?

(1) 검증된 -75% 하락의 역사

우리는 역사를 통해 배워야 한다. 감으로 잡는 바닥은 지하실로

가는 급행열차지만, 데이터로 잡는 바닥은 부의 추월차선이다.

크립토 시장의 도축 역사

2017년 불장: '가즈아'의 비극(400달러→2만 달러)→3,200달러
(-84% 대폭락)

(결과: 고래와 스마트 개미 42배 수익 vs 강세장의 개미 -84% 손실)

2021년 불장: '이번엔 다르다'의 착각(3,800달러→6만 9천 달
러)→1만 5천 달러(-77% 대폭락)

(결과: 고래와 스마트 개미 17배 수익 vs 강세장의 개미 -77% 손실)

강세장이 끝나면 비트코인이 -75% 이상 폭락하는 역사는 2017
년에도, 2021년에도 어김없이 반복되었다. 하물며 대장주인 비
트코인이 이 정도인데, 알트코인은 어떨까?

비트코인 vs 알트코인 하락률

비트코인이 무너질 때 알트코인의 하락폭은 상상을 초월한다.

2017~2018 약세장:

비트코인(BTC): -84% [2,800만 원(2만 달러) → 400만 원(3,200달러)]

이더리움(ETH): -94% [140만 원(1,400달러) → 8만 원(80달러)]

리플(XRP): -96% [4,000원대(3.8달러) → 200원대(0.2달러)]

2021~2022 약세장:

비트코인(BTC): -77% [8,200만 원(6만 9천 달러)→2,100만 원(1만 5천 달러)]

이더리움(ETH): -80% [590만 원(4,800달러)→120만 원(1,000달러)]

리플(XRP): -84% [2,500원(1.96달러)→400원(0.3달러)]

이처럼 냉혹한 하락의 역사를 봤을 때, 필자가 추천하는 우량 알트코인이라 할지라도 강세장이 끝나면 최소 -75% 이상 하락할 확률이 매우 높다. 우리가 -75% 지점을 기다려야 하는 첫 번째 이유는 바로 이 명확한 '데이터' 때문이다.

(2) 차원이 다른 수익률의 출발선

강세장의 꼭대기에서 욕심을 참고 기다려 -75% 구간에서 매수를 잡는다면, 당신은 남들과 다른 출발선에 서게 된다.

전고점 회복 시: 이미 4배(+400%) 수익 확보.

전고점 돌파(2배 상승): 내 수익은 8배.

전고점 돌파(5배 상승): 내 수익은 20배.

이번 강세장에서 고점에 물린 사람이 몇 년을 버텨 다음 강세장에서 겨우 본전을 찾거나 2배 수익을 얻을 때, -75%에서 진입한 당신은 이미 8배의 수익을 확정 짓는 것이다. 이것이 바로 '기다림'이 주는 복리 마법이다.

다음 강세장에서, 평소 투자에 관심 없던 지인이 운 좋게 초입에 들어와 20~30% 수익이 났다고 당신에게 자랑할 때가 올 것이다. 그때 남들이 공포에 떨던 -75% 구간에서 예약 매수하여(이미 최소 4배(400%) 이상의 압도적인 수익 구간을 선점한) 당신은 속으로 미소 지으며 여유롭게 지인을 칭찬할 수 있다.

"와, 너 진짜 투자 고수다. 언제부터 그렇게 잘했어? 밥 한번 사야겠는데?"

20~30%의 적당한 수익에 만족하고 투자를 멈추는 지인이라면 문제가 없다. 하지만 투자의 세계는 냉혹하다. 초심자의 행운으로 얻은 그 작은 수익은, 훗날 그가 감당할 수 없는 큰돈을 고점에 몰빵하게 만드는 '미끼'가 될 것이다. 그리고 우리는 그 결말이 비극임을 챕터 2를 통해 이미 배웠다.

(3) 차원이 다른 투자 난이도

강세장에서 '이번엔 다르다'며 고점에 투자한 개미들은 어디까지 물릴 수 있을까?

바닥 밑에 지하 5층이 존재한다.

지상(고점): 내 원금 1억 원(수익률 0%)

지하 1층(1차 반토막): 1억 원→5,000만 원(-50% 손실)

지하 2층(2차 반토막): 5,000만 원→2,500만 원(50+25=-75% 손실)

지하 3층(3차 반토막): 2,500만 원→1,250만 원(75+12.5=-87.5% 손실)

지하 4층(4차 반토막): 1,250만→625만(87.5+6.25=-93.75% 손실)

지하 5층(5차 반토막): 625만 원→312만 5천 원(93.75+3.125= -96.875% 손실)

역사는 거짓말을 하지 않는다.

2017년 강세장 후 폭락장에서 비트코인은 지하 3층(-84%)까지 내려갔고 알트코인은 지하 5층(-95% 이상)까지 내려갔다.

2021년 강세장 후 폭락장에서 비트코인은 지하 2층(-77%)까지 내려갔고 알트코인은 지하 5층(-96%)까지 내려갔다.

2026년 강세장 이후 찾아오는 폭락장은 지하 몇 층까지 내려갈 것으로 생각하는가?

이래도 강세장에서 많은 금액을 매수하고 어딜지 모르는 고점에 팔려다 물릴 수 있는 '투기'를 하고 싶은가? 아니면 -75%에서 매수를 하여 다음 강세장에서 최소 4배의 수익부터 시작하는 '투자'를 하고 싶은가?

복구 난이도의 함정

여기서 더 무서운 건, 내려갈 땐 50%씩 빠지지만 올라올 땐 배로 힘들다는 것이다.

-50% (지하 1층)에서 본전 오려면: +100% (2배) 올라야 함. (할 만함)

-75% (지하 2층)에서 본전 오려면: +300% (4배) 올라야 함. (어려움)

-87.5% (지하 3층)에서 본전 오려면: +700% (8배) 올라야 함. (거의 불가능)

-93.75% (지하 4층)에서 본전 오려면: +1,500% (16배) 올라야 함. (사실상 파산)

-96.875% (지하 5층)에서 본전 오려면: +3,100% (32배) 올라야 함. (다시 태어나는 게 빠름)

필자가 왜 챕터 2와 챕터 3에 걸쳐 '강세장에서 매수를 조심해야 한다'고 강조했는지 이해가 갈 것이다. 우량 알트코인은 언젠가 가격을 회복하겠지만, 마이너스가 찍힌 파란 계좌를 몇 년 간 바라보는 고통은 당신의 영혼을 갉아먹는 수준이다. 반면, -75%에서 매수한 사람은 대다수의 투자 시간 동안 빨간불(수익)이 켜진 계좌를 보며 투자를 즐길 수 있다.

투자의 난이도가 '지옥'에서 '천국'으로 바뀌는 것이다.

(4) 괴로운 번뇌 vs 행복한 고민

강세장 고점에 큰 돈을 넣은 사람은 "이거 언제 원금 회복되니…" 하며 몇 년간 지옥 같은 시간을 보낸다. 하지만 -75%에서 예약 매수한 사람은 다음 강세장에서 이미 4배 수익을 깔고 시작하기에 "8배에서 팔까, 12배에서 팔까?"라는 행복한 고민을 하게 된다.

같은 시장, 같은 코인에 투자해도 진입 타이밍 하나로 인생의 질이 달라진다.

(5) 강세장의 자격

앞서 다룬 [방어 뼈대 1. 무임승차 금지의 법칙]을 기억하는가?

"강세장의 수익은, 공포를 담대함으로 사고 지루함을 인내로 견딘 자들의 몫이다. 값을 치르지 않았다면, 욕심내지 말고 다음

열차를 기다려라.”

강세장의 달콤한 열매는 하락장의 공포를 견디고, 폭락 후의 지루함을 인내한 자들에게만 허락된 보상이다. -75%가 올 때까지 기다려서 매수했다면, 당신은 다음 강세장의 주인공이 될 '자격'이 충분하다. 반면, 아무런 인내도 없이 불나방처럼 뛰어든 사람들은 그 자격을 갖추지 못했기에 시장에서 퇴출당하는 것이다.

치료보다는 예방이다. 고점에 물려서 탈출을 기도하는 투자자가 될 것인가, 바닥을 잡고 행복한 고민을 하는 투자자가 될 것인가? 선택은 당신의 몫이다.

왜 최근 고점 대비 -50% 예약 매수인가?
– 기회를 놓칠까 두려운 독자에게

(1) 예측 불가능한 '쌍고점'의 역사

2021년 강세장을 복기해 보자. 당시 비트코인은 4월에 고점을 찍고 반토막(-50%)이 났다가, 모두가 끝났다고 생각했던 연말에 다시 전고점과 비슷한 '쌍고점(Double Top)'을 만들었다.

시장의 난이도는 갈수록 올라가고 있다. 4년 주기설이 조금씩 어긋나고 참여자가 폭발적으로 늘어난 지금, 2026년 이후의 시장은 2021년보다 더 복잡할 것이다. 두 번째 고점이 높은 쌍고점을 찍을지, 아니면 더 높은 고점을 향해 세 번 솟구칠지는 세력 외엔 아무도 모른다. (2026년 초까지 원자재 가격과 주식 가격은 두 번째 고점이 높은 쌍고점을 형성했다.)

만약 -75%만 고집하다가, -50% 조정 후 다시 날아가 버린다면? 우리는 멍하니 지붕만 쳐다봐야 할 수도 있다. 이것이 우리가 -50% 지점에 '정찰병'을 보내놔야 하는 이유다. 실제로 2021년, 첫 번째 상승 파동이 끝난 후 '더 싼 가격(바닥)'만 고집하던 수많은 투자자는, 연말에 찾아온 두 번째 불장을 그저 손가락만 빨며 지켜봐야 했다.

(2) 오버나잇과 디커플링(준비된 자에게만 오는 기적)

우리는 이 책을 통해 '돈의 기둥(ISO20022/XRP)'의 잠재력을 확인했다.

여기서 우리가 기억해야 할 두 가지 전설적인 시나리오가 있다.

오버나잇(Overnight Revaluation): 하룻밤 사이에 금융 시스템이 재편되며 특정 자산의 가치가 수직 상승하는 현상.

디커플링(Decoupling): 강세장이 끝나고 주식, 부동산, 비트코인이 모두 추락할 때, 유틸리티가 확실한 우량 코인만이 홀로 살아남아 피닉스(Phoenix)처럼 독주하는 현상.

만약 가상화폐 시장에 이 전설이 현실이 된다면, -75%라는 바닥은 영영 오지 않을 수도 있다. 지나치게 낮은 가격만 기다리다가, 정작 역사적인 순간에 내 손에 코인이 단 한 개도 없다면 그보다 억울한 일은 없을 것이다.

그래서 제안한다. 예측할 수 없는 시장 앞에서 우리가 취할 수 있는 가장 완벽한 포지션은, 자산을 나누어 길목을 지키는 것이다.

자산의 30%: -50% 지점에 예약 매수(정찰병)
자산의 70%: -75% 지점에 예약 매수(본대)

이 전략은 시장이 어디로 튀든 당신을 웃게 만드는 '꽃놀이패'다.

반등하면? 미리 보내둔 30%의 정찰병이 수익을 내서 좋다.
더 떨어지면? 남겨둔 70%의 현금으로 평단가를 획기적으로 낮출 수 있어서 좋다.

물론 2가지 전설적인 시나리오(오버나잇, 디커플링)가 실현되지 않고 추가 폭락이 오더라도, 우리는 무너지지 않는다. 우리에겐 더 낮은 가격에서 평단가를 낮춰줄 70%의 현금이라는 강력한 지원군이 남아있기 때문이다. 하지만 만약 전설이 현실이 된다면? 미리 보내둔 30%의 정찰병이 우리를 소외되지 않게 엄청난 부의 길로 안내할 것이다.

Tip 필자가 제시한 비율(-50%에 30%, -75%에 70%)은 하나의 가이드 라인이다. 개인의 투자 성향이나 자금 상황에 맞게 지점을 더 촘촘하게 나누거나 비율을 조정하여 자신만의 그물을 짜도 좋다. (예: -50%, -75%, -87.5%, -93.75%, -96.875% 등)

중요한 것은 '몰빵'하지 않고 시나리오를 '분산'하는 것이다.

[합정대형 Insight: 나만의 비기(祕技)]

투자 초보는 사실 강세장에서 투자를 시작하면 안 된다. 하지만 이 책을 읽고 우량 알트코인이 미래의 부(Wealth)가 될 것임을 확신했는데, 단지 타이밍을 몰라 포기하게 둘 수는 없었다. 그렇다고 불나방처럼 고점에 뛰어들어 내 독자들이 다치는 꼴은 더더욱 볼 수 없다.

"어떻게 하면 초보자가 고점에 물리지 않으면서도, 기회를 놓치지 않을 수 있을까?"

이 조언은 필자가 밤잠을 설쳐가며 고민한 끝에 만들어낸 나만의 '비기'이다.

지금 이 글을 읽는 당신이 -50%와 -75%의 안전장치를 통해, 개미들처럼 고점에 물리지 않고 다가올 폭락장에서도 잃지 않는 투자를 하기를⋯. 그리고 다음 강세장에서는 반드시 승리자가 되기를 간절히 기도드린다.

마지막으로 간곡히 당부한다. 이 투자 또한 [필승 뼈대 20. 여유의 법칙]에서 강조했듯, 반드시 '여유자금'으로만 해야 한다. 대출을 받거나 생활비, 월세, 교육비, 병원비, 가족의 비상금 같은 '생명줄'을 투자로 끌고 오지 마라.

오직 여유자금으로 매수할 때만, 우리는 지하 3층(-87.5%), 지하 4층(-93.75%), 심지어 지하 5층(-96.875%)까지 떨어지는 공포 속에서도 무너지지 않을 수 있다. 아니, 오히려 그 공포를 평단가를 획기적으로 낮추는 기회로 삼아 다음 강세장에서 더 거대한 수익을 거둘 수 있다.

여유자금만이 당신을 끝까지 지켜줄 최후의 방패다.

04

불장 대피 훈련:
매도는 '생존 훈련'이다

"자, 지금부터 사이렌(Siren)을 울리겠습니다. 삐용삐용! 지금 당신의 계좌가 붉게 타오르고 있습니다. 어떻게 하시겠습니까?"

재미있는 사실은, 우리를 살리는 경보 장치 '사이렌(Siren)'의 어원이 바로 챕터 2에서 다룬, 우리를 죽음으로 유혹하는 괴물 '세이렌(Siren)'이라는 점이다. 어원은 같지만 목적은 정반대다.

유혹의 노래(세이렌)가 들리면 귀를 막아야 했지만, 지금 울리는 생명의 경고(사이렌)에는 귀를 열어야 한다. 모두가 "불이야!(Bull이야!)" 하고 환호하며 불길 속으로 뛰어들 때, 우리는 조용히 비상구를 찾아 빠져나와야 한다. 이것이 스마트 투자자의 화재 대피 훈련(Fire Drill)이다.

"아마추어는 불길(상승)을 보고 뛰어들지만, 프로는 연기(과열)를 보고 신발 끈을 묶는다. 매도는 기술이 아니라 생존 훈련이다."

소화기 사용법: "타오르는 추격매수 심리를 진압하라"

화재 초기에 소화기를 제대로 쓰면 대형 참사를 막을 수 있다. 불장에서 소화기는 바로 내 마음속에서 타오르는 '추격매수의 충동'을 끄는 장치다.

"이미 붉게 타오른 건 내 것이 아니다." 앞서 [방어 뼈대 1. 무임승 차 금지의 법칙]에서 배운 '소유권의 인정'을 기억하는가? 지루한 시간을 견디며 값을 치른 자들만이 그 상승을 누릴 자격이 있다.

지금 들어가는 것은 투자가 아니다. 불길 속으로 기름통을 메고 뛰어드는 것과 같다. 명심하라. 상승장의 뒤늦은 매수는 '수익'을 사는 것이 아니라 '리스크'를 사는 것이다.

불장에서는 '매수 버튼'을 누르는 것이 용기가 아니라, '매수 버튼'에서 손을 떼고 소화기를 뿌리는 것이 진짜 실력이다.

사이렌 소리를 무시하지 마라(경고 신호 감지)

세력의 패턴은 늘 똑같다. 그들은 개미들이 감히 올라타지 못하게 바닥에서 어깨까지 급하게 가격을 올려버린다. 그리고 어깨부터 머리 꼭대기 구간에서 지루하게 횡보시키며, 그제야 환호하며 몰려오는 개미들에게 물량을 넘긴다.

대중들이 환호하며 몰려오는 것. 그것이 바로 가장 명백한 과열 신호, 사이렌(Siren)이다. 이때 우리는 매수 버튼이 아니라 매도 버튼에 손을 올리고 준비를 시작해야 한다.

[실제 사례: 9만전자의 비명과 프로의 탈출]

2021년 1월 12일 방영된 MBC 〈PD수첩〉 '빚투 청춘 보고서'에는 전설적인 인터뷰가 하나 등장한다. 당시 삼성전자가 역사적 신고가인 96,800원을 찍고 온 나라가 "10만전자 간다"며 축제 분위기였을 때, 한 증권사 직원(A씨)은 인터뷰에서 이렇게 말했다.

"전부 주식 사려고 집에 있던 통장 들고 나와서 살려달라고 난

리인 거예요, 지금. 5만 원일 때 안 사던 삼성전자를 9만 원에 사겠다고 난리야. 저도 (제 주식을) 팔고 있어요. 달려드는 거 보니까 무서워서 팔고 있어요. 제 20년 경험으로 봤을 때, 이렇게 난리가 나면 주가가 잘 안 가더라고요. 옛말에 그런 말 있잖아요. 아기 엄마가 시장바구니 들고 객장 오면 주식 팔라고."

이 인터뷰가 방영된 날은 2021년 1월 12일이었다. 그리고 삼성전자는 바로 전날인 1월 11일, 역대 최고점(96,800원)을 찍었다.

결과는 어땠을까? 증권사 직원이 "무서워서 팔고 도망칠 때", 9만 원에 환호하며 산 사람들은 그 후 5만 원대까지 추락하는 계좌를 보며 3년이 넘는 시간 동안 고통받아야 했다.

이것이 바로 '사이렌(경고)'과 '세이렌(유혹)'의 결정적 차이다. 대중들이 "제발 나 좀 부자 되게 살려달라"며 매수 버튼을 누를 때(세이렌의 유혹), 프로는 "여기 있다간 다 죽는다, 살려달라"며 매도 버튼을 누르고 도망쳤다(사이렌의 경고).

당신은 시장바구니를 들고 객장으로 달려가는 사람인가, 아니면 그들을 보며 조용히 객장을 빠져나오는 사람인가?

문제는 '타이밍'에 따른 대중의 반응이다. 이 인터뷰 영상이 강세장이 끝난 2022년 1월에 업로드되었을 때는 "와, 저 직원 진짜 고수네. 명확한 고점 신호였네"라는 찬양 댓글이 달렸다. 하지만 코스피가 다시 불타오르던 2026년 1월에는 "과거에는 고점 신호가 맞았는데, 지금은 반드시 그렇다고 보기에는 뭐하네요"라는 조롱 섞인 댓글이 달렸다.

그래서 우리는 다시 한번 [필승 뼈대 22. 맹모삼천지교의 법칙]을 기억해야 한다. 시너지는 '플러스'가 아니라 '곱하기'며, 잘못된 만남은 '빼기'가 아니라 '나누기'다. 민주주의는 '다수결'이지만, 투자 시장은 철저한 '소수결'이다.

모두가 "YES"를 외칠 때 "NO"를 외치고 떠나는 자만이 살아남는다. 현명한 소수를 따라가야 투자에서 성공한다. 지금 당신의 귀에 들리는 개미들의 달콤한 잡음(세이렌)을 철저히 차단하라.

[사이렌 소리(경고 신호) 체크리스트]
다음 7가지 신호가 보인다면, 그때가 바로 비상구로 탈출해야 할 때다.

(1) '이번엔 다르다'의 세련된 진화

과거에는 무지성으로 "이번엔 다르다!"고 외쳤다면, 요즘은 훨씬 더 지능적으로 진화했다. "과거 데이터상으로는 고점 신호가 맞지만, 이번엔 시장의 펀더멘털과 구조가 근본적으로 달라졌으니 과거의 기준을 그대로 적용하기엔 무리가 있네요." 그럴싸해 보이는가? 이것이 바로 탐욕이 만들어낸 가장 위험한 궤변이다. 역사는 옷만 갈아입을 뿐, 본질은 언제나 반복된다.

(2) 신규 투자자(초보)의 급증

평소 투자에 관심 없던 사람들이 계좌를 트기 시작한다.

(3) 수익 인증의 생활화

커뮤니티와 단톡방에 "돈 복사" 수익 인증 샷이 도배되며, 그것이 하나의 자랑 문화가 된다.

(4) 지인들의 코인 질문

오랫동안 투자에 관심 없던 친구나 직장 동료가 갑자기 연락해 묻는다. "지금이라도 가상화폐 사면 늦었냐?" (해석: 지금 사서 너처럼 벌 수 있냐?)

(5) 로맨스 남주인공 질문

"제가 지금 들어가도 될까요?" 드라마에서 남주인공이 이 대사를 하면 사랑이 시작되지만, 투자에서 개미가 이 대사를 하면 지옥이 시작된다. 허락을 구하지 마라. 들어가도 되냐고 묻는 순간, 이미 문은 닫혔다.

(6) 집단 환각(잘못된 부자 인식)

지금 불길(고점)에 뛰어드는 사람을 보며 대중들은 "행동력 있는 사람", "부자가 될 기회를 잡은 현명한 사람"이라고 칭송한다.

하지만 진실을 말해주겠다. 투자에 있어 현명함이란, 아무도 거들떠보지 않는 '차가운 바닥(무릎)'에 사서, 대중들이 흥분하며 몰려오는 '뜨거운 불길(어깨)'에 파는 것이다.

대중들이 환호하며 매수할 때, 홀로 긴장하며 매도를 준비하는 것. 그것이 당신의 소중한 자산이 불에 타지 않고 부자가 되는 유일한 길이다.

(7) 피리 부는 사나이의 등장

역사는 반복된다. 대상만 바뀔 뿐, 개미들을 흥분시켜 고점에 가

두는 '도축'의 패턴은 놀라울 정도로 똑같다. 2017년, 2021년. 그
잔혹했던 선동의 역사를 다시 한번 뇌리에 새겨보자.

2017년 불장: '가즈아(Gazua)'의 비극

시작: 400달러(약 50만 원)

광기(High): 20,000달러(한국 프리미엄 포함 약 2,800만 원)

결말(Low): 3,200달러(약 350만 원)→ -84% 대폭락

뉴스에서는 연일 "고등학생이 2억 벌었다", "대학생이 벤츠 샀
다"는 자극적인 보도만 쏟아냈다. 블록체인에 대한 이해는커녕
"지금 안 사면 벼락거지"라는 분위기를 조장했다. 수많은 유튜
버가 차트 한 장 띄워놓고 "비트코인 1억 간다, 집 팔아서 사라"
고 외쳤다. 그 말을 믿고 2,800만 원 꼭대기에 들어온 사람들은
이후 3년간 -84%라는 지옥을 맛보며 '한강 정모'라는 자조 섞인
농담을 해야 했다.

2021년 불장: '이번엔 다르다'의 착각

시작: 3,800달러(약 500만 원)

광기(High): 69,000달러(한국 프리미엄 포함 약 8,200만 원)

결말(Low): 15,000달러(약 2,000만 원)→ -77% 대폭락

"기관이 들어왔다. 테슬라가 샀다. 이번엔 2017년과 다르다." 가장 위험한 말인 "이번엔 다르다(This time is different)"가 시장을 지배했다. 당시 신처럼 추앙받던 익명 분석가 '플랜 B'는 "연말 10만 달러(1억 3천만 원) 돌파 확정"이라며 바람을 잡았고, 알트코인 유튜버들은 "이더리움 1,000만 원 간다", "메타버스가 미래다"라며 불난 집에 기름을 부었다. 하지만 금리 인상과 루나 사태가 터지자 8,000만 원은 순식간에 2,000만 원이 되었다. 10만 달러를 외치던 전문가들은 슬그머니 말을 바꾸거나 자취를 감췄다.

강세장에서 들려오는 말은 '정보'가 아니라 '유혹'이다. 반드시 점검하라. 지금 매수 버튼을 누르고 싶은 이유가 해당 자산의 본질적 '가치' 때문인가, 아니면 시장의 뜨거운 '분위기(희망, 확신, 조급함)' 때문인가?

① **2017년의 패턴:** "가즈아"로 시작해 "규제 공포"로 끝났다. 당시의 유행어는 '존버'였지만, 결과는 '탈출'이었다.

② **2021년의 패턴:** "기관이 산다"는 명분이 FOMO(소외 공포감)를 완성시켰다.

③ **강세장 말기의 징후:** 기억하라. 강세장 끝자락에서 늘어나는 것은 '새로운 정보'가 아니라, '근거 없는 확신' 뿐이다.

왜 그들은 항상 고점에서 "더 간다"고 외칠까? 그들이 악마라서
가 아니다. 그것이 그들의 '생존 방식'이기 때문이다. 기억하라.
언론사는 '팩트'를 파는 곳이 아니라 '광고비(클릭 수)'를 파는 곳
이다. 유튜버는 '당신의 계좌'를 불려주는 사람이 아니라 '조회
수'를 먹고 사는 사람이다.

강세장 꼭대기에서 "지금 위험합니다. 다 파세요"라고 말하면 대
중은 "재수 없는 소리 한다"며 구독을 취소하고 욕을 한다. 반면
"1억 갑니다! 10억 갑니다!"라고 외치면 대중은 환호하며 '좋아
요'를 누른다. 구조적으로 그들은 끝까지 상승을 외칠 수밖에 없
다. 그러니 그들을 욕하지 마라. 그저 그들의 비즈니스 모델을 이
해하고, 당신이 그들의 먹잇감이 되지 않으면 그만이다.

강세장에서 마이크를 잡고 '더 간다!'고 소리치는 사람들은, 당신
의 구세주가 아니라 피리 부는 사나이임을 명심해야 한다.

엘리베이터 대신 비상계단을 이용하라 (분할 매도)

화재가 발생했을 때 가장 먼저 듣는 안전 수칙이 무엇인가? "절
대로 엘리베이터를 타지 말고, 비상계단으로 대피하시오." 화재

시 엘리베이터는 정전으로 멈춰버려 당신을 불길 속에 가두는 관(Coffin)이 되기 때문이다. 투자 시장도 똑같다.

엘리베이터: 최고점에 전량을 한 방에 팔고 탈출하겠다는 욕심

비상계단: 상승할 때마다 물량을 덜어내는 분할 매도(Scale-out)

많은 투자자가 "머리 꼭대기(최고점)에서 멋지게 전량 매도" 하는 상상을 한다. 그게 가장 빠르고 편해 보이기 때문이다(엘리베이터). 하지만 불장 후반부, 모두가 매도 버튼을 누르려 몰려드는 그 순간에는 반드시 '거래소 서버 폭주(렉)', '주문 실수(슬리피지)', '급락 꼬리(순식간에 -20~-30%가 빠지며 매도 기회조차 주지 않는 대폭락)' 같은 정전 사태가 발생한다.

그때 엘리베이터에 탄 사람은 갇혀서 죽는다. 매도 버튼이 먹통이 된 사이, 계좌는 순식간에 녹아내린다. 그래서 프로들은 힘들고 귀찮더라도 비상계단(분할 매도)을 이용한다.

[합정대형의 생존 수칙: 올라갈 때마다 가벼워져라]

가격이 오를 때마다 10%, 20%씩 비율을 높여 매도하는 것. 더 오를 경우를 대비하여 모두 팔지 않는 것. 이것이 가장 안전한 비상계단이다. 대중들이 관심 없는 저점에서 매수했다면, 강세장에서는 욕심을 버리고 분할 매도로 대응해야 한다. 이것은 수

학적으로 '무조건 이기는 꽃놀이패'다.

(1) 내가 원했던 고점이 오지 않고 강세장이 꺾일 경우: 괜찮다. 올라오면서 이미 비상계단에서 분할 매도로 수익을 실현(현금화)했기 때문이다. 챙겨둔 현금으로 폭락 후에 다시 저점을 잡으면 된다.

(2) 내가 원했던 고점보다 더 높이 미친 듯이 올라갈 경우: 괜찮다. 아직 다 팔지 않고 남겨둔 물량이 있기에, 그 물량은 더 비싸게 팔면 된다. 나머지 물량이 불타오르는 것을 즐기며 천천히 내려오면 그만이다.

"한 방에 다 먹겠다"는 욕심은 당신을 태워 죽이지만, "나눠서 먹겠다"는 겸손은 당신을 살려서 내보낸다. 기억하라. 최고점 매도는 신의 영역이고, 분할 매도는 인간이 할 수 있는 최고의 생존 기술이다.

강세장 때는 바쁜 일이 생기더라도 시장 상황과 가격을 보는데 매일 일정 시간을 투자해야 한다. 하지만 정말 시간이 없거나, 실시간으로 요동치는 차트를 보며 유혹을 이길 자신이 없다면 '분할 예약 매도'를 걸어둬라. 시스템이 당신의 감정을 배제하고 기계적으로 수익을 확정 지어 줄 것이다.

시장이 허락한 수익만 가진다(시장 순응)

시장이 허락한 몫만 챙겨서 나온다

가치 투자를 지향하는 고수들이 공통적으로 강조하는 철칙은 놀랍도록 일치한다.

(1) 선물(Futures) 금지: 오직 현물만 투자할 것.
(2) DCA 생활화: 한방을 노리는 추격 매수가 아닌, 적립식 분할 매수를 할 것.
(3) 분할 매도: 대중이 환호하며 과열될 때만 비중을 줄일 것.
(4) 잦은 매매 금지: 소위 '사팔사팔(사고팔고)'을 멈출 것.

문창훈 작가님이나 어슴새벽님처럼 고수들이 운영하는 유튜브나 교육장에서는 소위 '리딩방'처럼 매수·매도 타이밍을 찍어주지 않는다. 하지만 강세장의 광기가 극에 달할 때만큼은 회원들에게 조심스럽게 매도 가이드를 제시한다. 코인 시장은 변동성이 워낙 커서, 강세장이 끝나면 다른 어떤 자산보다 빠르고 깊게 추락하기 때문이다.

하지만 명심하라. 시장 참여자가 늘고 난이도가 급상승한 지금, 아무리 뛰어난 전문가라도 '정확한 고점'을 맞히는 것은 불가능하다. 그래서 우리는 이렇게 생각해야 한다.

"시장이 허락한 수익만 가져간다."

리딩을 업으로 삼는 전문가들도 신이 아니다. 만약 누군가 고점과 저점을 정확히 안다면, 굳이 남들에게 알려주지 않고 혼자서 전 세계의 돈을 다 쓸어 담았을 것이다. 그러니 마음을 편하게 먹자.

내가 판 가격보다 고점이 낮았다면: "욕심부리지 않은 덕분에 안전하게 수익을 확정했구나."
내가 판 가격보다 미친 듯이 더 오른다면: "시장의 난이도가 높아진 만큼, 광기도 더 크구나. 장기 홀딩 물량 중 일부를 매도하자."

투자 시장의 역사에서 승자는 언제나 현명한 소수뿐이었다. 모두가 돈을 버는 시장이란 존재하지 않는다.

[통찰 뼈대 6. 도축의 법칙]을 기억하는가? 세력이 가격을 끝없이 올리며 FOMO에 취한 대중에게 수익을 맛보게 하는 건, 그들을 부자로 만들어주기 위함이 아니다. 더 큰돈을 고점에 태우게 만들어, 한 번에 잡아먹기 위한 '살찌우기'일 뿐이다.

어딘지 모를 바닥에서 사서 어딘지 모를 머리 꼭대기에서 팔려는 건 '투자'가 아니라 '도박'이다. 우리는 무릎에 사서 어깨에 파는, '반복 가능한 성공'을 목표로 해야 한다. 우리에게 가장 중요한 건 한 번의 대박 수익이 아니라, 수익을 지속해서 만들어낼 수 있는 '생존 실력'이다.

수익이 아니라 수량에 집착하라

강세장에서 매도 타점이 완벽하게 들어맞아 큰 수익을 낼 수도 있다. 하지만 반대로 너무 일찍 팔거나, 너무 늦게 팔아서 아쉬움이 남을 수도 있다. 중요한 건 결과가 어떻든 자신을 자책하거나 조언자를 비난해서는 안 된다는 것이다. 고점과 저점은 누구도 모른다. 그건 인간이 닿을 수 없는 신의 영역이다.

수많은 정보 속에서 판단이 서지 않을 때는 아래와 같은 단순한 원칙을 따르는 것이 가장 강력한 무기가 된다.

"너무 과열되었다 싶을 때, 욕심 없이 절반 정도 덜어낸다."

챕터 2에서 언급했듯, 우리는 지금 1970년대의 강남 땅, 혹은 개발 전의 맨해튼 빌딩 같은 '미래의 부(Wealth)'를 선점하고 있다. 진정한 가치가 증명되는 순간, 가격은 이미 천정부지로 솟아 있을 것이다. 그때는 지금의 강남 아파트처럼 "파는 게 아니라 보유하는 것"이라는 평가를 받게 될 것이다. 나는 머지않아 시중 은행에 XRP를 예치하고 이자를 받으며 생활하는 시대가 올 것이라 확신한다.

즉, 미래의 부는 "과거에 얼마의 시세 차익을 남겼느냐"가 아니라, "그래서 지금 내 손에 몇 개의 우량 알트코인이 들려 있느냐"로 결정된다.

강세장에서 우리가 과열을 틈타 분할 매도를 하는 진짜 이유는 단순한 현금 수익 실현이 아니다. 폭락장이 왔을 때 더 싼 가격에 다시 주워 담아 '수량을 늘리기 위함'이다.

장기적인 관점에서 승부를 가르는 것은 결국 '수익금'이 아닌 '보유 수량'이다.

화재 현장에서 모든 금괴를 다 챙겨 나오려다가는 타 죽는다. 일단 살아서 나온 뒤(현금화), 불이 꺼지면 다시 들어가 더 많은 금괴를 줍는 것이 현명하다.
"적당히 먹으려고 하면 배불리 먹을 수 있지만, 다 먹으려고 하면 체해서 하나도 못 먹는다."

대피했으면 뒤를 돌아보지 마라(현금화 및 로그아웃)

불타는 건물은 구경만 하라

투자 시장에는 매번 반복되는 안타까운 비극이 있다. 무릎에서 잘 사고 어깨에서 잘 팔아놓고도, 강세장의 마지막 불꽃(환희)에 취해 비싼 가격에 판 돈을 다시 털어 넣는 경우다.

상상해 보라. 화재 현장에서 기껏 비상계단으로 탈출해 안전지대(현금)에 도착했다. 그런데 건물이 가장 활활 타오르는 모습을 보고 "와, 불길이 너무 아름답다"며 다시 건물 안으로 뛰어들어 가는 사람이 있다면? 그건 자살 행위나 다름없다.

건물 밖으로 나왔으면, 이제 타오르는 건물을 구경만 해야 한다. 절대 다시 들어가선 안 된다.

사이버 머니를 진짜 돈으로 바꿔라

분할 매도에 성공했다면, 그 즉시 거래소에 있는 원화를 당신의 은행 계좌로 이체하라.

거래소에 남아 있는 돈은 언제든 다시 코인을 살 수 있는 '사이버 머니'일 뿐이다. 그것을 은행 계좌로 옮겨서 맛있는 밥을 사먹고, 가족에게 선물도 하고, 빚을 갚는 데 써야 비로소 '실체 있는 내 돈'이 된다. 돈의 맛을 현실에서 느껴야 뇌동매매를 멈출 수 있다.

이 과정을 거치지 않으면 '데드 캣 바운스(하락 중 일시적 반등)'나 '슈퍼사이클(이번엔 다르다)'이라는 달콤한 속삭임에 속아 반드시 추격 매수(재진입)를 하게 된다.

[통찰 뼈대 7. 극성의 법칙]을 기억하라. 이 세상에 영원히 오르는 것은 없고, 영원히 내려가는 것도 없다. 뜨거움이 극에 달하면 반드시 차가워질 때가 온다.

필자의 조언대로 분할 매도를 했다면, 아직 당신에게는 팔지 않은 코인이 남아 있을 것이다. 가격이 미친 듯이 더 오르면? 남은 물량을 즐기며 더 비싸게 팔면 그만이다. 굳이 판 돈을 다시 넣을 이유는 없다.

불타는 건물은 결국 무너진다(폭락한다). 그때가 되면 대중들은 욕을 하며 미래의 부(코인)를 길바닥에 내다 버릴 것이다. 우리는 그때 유유히 돌아와, 잿더미 속에 버려진 보석들을 헐값에 다시 주우면 된다.

05

폭락장:
지옥의 깊이를 알아야 살아 남는다

잔치는 끝났다, 이제 청구서를 마주할 시간(인정의 단계)

강세장의 환희에 취해 비싼 가격에 전 재산을 쏟아부은 투자자들은, 폭락장이 찾아오고 나서야 비로소 술에서 깬다. 그제야 필자의 조언들이 뼈저리게 와닿을 것이다. 그리고 뒤늦은 후회가 밀려온다.

"나는 정말 바보구나. 투자의 기본도 모르는 개미들의 말을 믿다니…. 현명한 소수의 말만 들었다면 결과는 달랐을 텐데."

만약 당신이 고점에 큰 금액을 투자하고 폭락장을 맞이했다면,

가장 먼저 해야 할 일은 '인정'이다.

(1) 본인의 결정이었음을 인정하라

누구도 당신의 손가락을 강제로 이끌어 매수 버튼을 누르게 하지 않았다. 그것은 당신의 '탐욕'이 만들어낸 결과물이다.

(2) 투자의 기본이 없었음을 인정하라

투자의 기본은 '공포에 사서 환희에 파는 것'이다. 대중이 몰려올 때 함께 흥분해서 고점에 진입했다는 건, 냉정하게 말해 기본기가 전혀 없었다는 뜻이다.

필자는 당신을 비난하려는 게 아니다. 실수를 철저히 인정하고 반성해야만, 자학을 멈추고 '수습'을 시작할 수 있기 때문이다. 지금 필요한 건 후회가 아니라, 상황을 냉정하게 분석하고, 다시 일어설 방법을 찾는 '용기'다.

고점에 물렸어도 절대 팔지 말아야 하는 이유(버티기의 논리)

이미 고점에 물렸는가? 그렇다면 역설적으로 '절대 팔지 않는 것'이 최선일 수 있다. 특히 당신이 산 코인이 '우량 알트코인'이라면 더더욱 그렇다.

(1) 달라진 강세장 주기 패턴

시장 참여자가 늘어나며 난이도가 극악으로 치솟았다. 과거의 4년 주기설을 맹신했던 전문가들의 예측이 빗나가는 경우가 빈번해졌다. 다음 강세장이 언제 올지, 주기가 어떻게 바뀔지는 아무도 모른다. 섣불리 팔았다가 사이클이 꼬이면 영영 기회를 놓친다.

(2) 오버나잇과 디커플링의 가능성

오버나잇(Overnight Revaluation): 하룻밤 사이에 금융 시스템이 재편되며 특정 자산(ISO20022 코인 등)의 가치가 수직 상승하는 현상.

디커플링(Decoupling): 주식, 부동산, 비트코인이 모두 추락할 때, 유틸리티가 확실한 우량 코인만이 홀로 살아남아 '피닉스(Phoenix)'처럼 독주하는 현상.

물론 이것은 희망 사항일 수도 있다. 하지만 만약 당신이 손절매를 하고 떠났는데, 그다음 날 이 현상이 일어난다면? 고점에서 사서 돈을 잃고(1차 피해), 저점에서 팔아 상승분을 놓치는(2차 피해) '이중 도살(Double Slaughter)'을 당하게 된다. 양털만 깎이는 게 아니라 가죽까지 벗겨지는 고통과 자괴감은 평생의 트라우마로 남을 것이다.

당신이 투자한 자산이 쓰레기가 아니라면, 반드시 우상향하는 순간이 온다. 그러니 버텨라. 우리가 지금 해야 할 일은 손절이 아니라 '평단가 낮추기'다.

지옥의 깊이를 알아야 살아남는다: 지하 5층 이론(현실 직시)

자괴감에 빠져 있을 시간이 없다. 우리는 냉정하게 '지옥의 깊이'를 계산하고, 그곳에 그물을 쳐야 한다. 이것은 상처 난 계좌에 붙이는 가장 확실한 반창고다.

[바닥 밑에 지하 5층이 존재한다]
과거 2017년, 2021년 폭락장에서 알트코인들은 예외 없이 지하 5층(-95% 이상)까지 내려갔다. 이것이 암호화폐 시장의 잔혹한 현실이다.

[복구 난이도의 함정]
더 무서운 건, 내려갈 땐 50%씩 빠지지만 올라올 땐 배로 힘들다는 '수학적 함정'이다.

이 함정을 탈출하는 유일한 방법은 '추가 매수(물타기)'를 통해 내 평단가를 지하 2~4층으로 끌어내리는 것뿐이다.

사자의 심장으로 지옥에 그물을 쳐라(반격의 서막)

폭락장은 공포스럽지만, 현금을 쥔 사람에게는 바겐세일 기간이다. 멘탈이 무너져서 시장을 떠나지 마라. 대신 '예약 매수'를 걸어두고 잊어버려라. 그리고 시간이 지나서 멘탈이 회복되면, 그때 다시 돌아와서 투자를 제대로 공부하고 새로 시작하자.

"나는 지하 2층(-75%), 3층(-87%), 4층(-93%)에 그물을 치겠다."

지하 몇 층에 얼마의 비중을 둘지는 당신의 여유 자금과 그릇에 달렸다.

보수적 투자자: "지나친 고점을 잡으려다 물렸으니, 지나친 저점을 잡으려는 욕심은 버리겠다. 지하 2~3층에서 승부를 보겠다."

공격적 투자자: "확실한 만회를 위해 지하 3~5층까지 깊게 그물을 치겠다."

선택은 본인의 몫이다. 중요한 건 포기하고 도망치는 패배자가 되는 대신, 평단가를 낮추며 다음 사이클을 준비하는 '스마트 투자자'의 길을 걷는 것이다.

지혜라는 꽃은 시련이라는 계절 안에서만 피어난다. 지금의 고통을 수업료 삼아 사자의 심장으로 대응할 것인가, 아니면 공포에 질려 손절하고 영원한 패배자로 남을 것인가.

반격의 서막은, 당신이 예약 매수 버튼을 누르는 지금 이 순간부터 시작된다.

여유 자금이 아닌 돈(대출, 필수 생활비)으로 고점에 물렸다면? 냉정하게 말해서, 이건 정말 답이 없는 상황이다. 하지만 이미 벌어진 일이다. 일단 본인의 상황을 '응급실 환자'처럼 분류하고 처방해야 한다.

(1) 감당할 수 있는 수준의 대출이라면: 뼈를 깎는 노력으로 매달 이자를 갚으며 시간을 벌어라. 앞서 언급했듯 4년 주기 패턴이 깨졌고, 언제 기회가 올지 모른다. 지금 팔면 확정 손실이지만, 버티면 회복의 가능성은 0.1%라도 존재한다. 몸을 써서 일하고, 노동 소득으로 이자를 막아라. 시간을 사야 한다.

(2) 절대 건드려선 안 될 돈(전세금, 수술비 등)이라면: 선택의 여지가 없다. 눈물을 머금고 손절해야 한다. 이때의 손절은 패배가 아니다. 더 큰 파국(가정 파탄, 신용 불량)을 막기 위한 '지혈'이다. 팔고 남은 돈이라도 지켜야 훗날을 도모할 수 있다.

강세장에서 고점에 물린 투자 초보를 위한 마인드 셋 (재기의 다짐)

첫째, 인생에서 가장 비싼 수업료를 치렀다고 생각하라

지금 손실 금액을 보며 가슴이 찢어질 것이다. 그 돈이면 차를 바꿀 수도, 집을 늘릴 수도 있었을 테니까. 하지만 관점을 바꿔야 한다. 당신은 그 돈을 허공에 날린 것이 아니다. 당신은 방금 '탐욕의 대가'라는 과목을 이수하기 위해 인생에서 가장 비싼 '수업료'를 지불한 것이다.

이 수업료를 내고 아무것도 배우지 못한다면 그것이야말로 진짜 파산이다. 하지만 이 고통을 뼈에 새겨 다시는 같은 실수를 반복하지 않는다면, 훗날 이 수업료는 당신을 수백억 자산가로 만들어줄 가장 확실한 밑거름이 될 것이다. 시장은 수업료를 낸 학생에게만 졸업장을 준다. 지금의 고통을 잊지 마라. 그리고 반드시 졸업하라.

둘째, 당신이라는 자산은 폭락하지 않았다

돈을 잃었다고 해서 당신의 인생까지 하한가를 맞은 것은 아니다. 우량 코인이 -90%가 되어도 그 기술적 가치(펀더멘털)가 변하지 않는다면 언젠가 다시 오르듯, 당신이라는 사람의 가치도 돈 좀 잃었다고 훼손되지 않는다.

당신에겐 아직 건강한 몸이 있고, 다시 일어설 수 있는 의지가 있고, 이번 실패를 통해 얻은 뼈저린 교훈이 있다. 돈은 다시 벌면 된다. 하지만 스스로를 패배자로 낙인찍고 포기하는 순간, 그때는 정말로 모든 것이 끝난다.

죽지 마라. 버텨라. 그리고 증명해라. 먼 훗날 웃으면서, "그때 정신 차려서 지금의 내가 되었다"고 말할 수 있는 날이 반드시 온다. 시련이 깊을수록, 당신이라는 꽃은 더 단단하고 아름답게 피어날 것이다.

06

조정장:
부의 그릇은 공포와 지루함을
견뎌낸 차이다

진짜 부자는 허락을 구하지 않고 입장한다(진입 타이밍)

드라마 속 남자 주인공이 여자 주인공의 방문을 조심스럽게 두드리며 묻는다.

"저…, 지금 들어가도 될까요?"

로맨스 드라마에서는 이 대사가 설렘을 주지만, 투자 시장에서는 '지옥행 급행열차'의 출발 신호다. "지금 들어가도 될까요?", "지금 사도 되나요?"라는 질문이 커뮤니티와 뉴스 댓글 창에 도배된다면? 그때는 이미 들어갈 때가 아니라 신발을 신고 나올 준비를 해야 할 때(강세장 끝물)다.

진짜 고수들은 아무도 그 질문을 하지 않을 때, 즉 대중이 관심을 끄고 시장이 차갑게 식어 있을 때 조용히 문을 열고 들어간다. 우리가 투자해야 할 시기는 화려한 파티가 열리는 강세장이 아니라, '아무도 찾지 않는 지루한 조정장'이다.

돈의 독(Poison)을 견디는 부의 그릇(깊이와 넓이)

왜 우리는 이 고통스럽고 지루한 조정장에 투자해야 하는가? 바로 '부의 그릇'을 넓히기 위해서다.

돈에는 치명적인 '독(Poison)'이 있다. 준비되지 않은 자에게 쏟아지는 거액은 축복이 아니라 저주다. 그릇이 종지 그릇만 한데 폭포수 같은 돈이 쏟아지면, 그 그릇은 넘치는 게 아니라 깨져버린다. 결국 돈의 무게를 견디지 못하고 자기 자신을 파멸로 이끈다.

강세장이 '돈을 담는 시간'이라면, 조정장은 '돈을 담을 그릇을 키우는 시간'이다. 그렇다면 부의 그릇은 어떻게 넓혀지는가?

첫째, '공포'를 먹고 그릇의 '깊이'가 깊어진다

대중들은 어딘지 모를 머리 꼭대기에서 팔고 싶어 하는 것처럼, 어딘지 모를 발바닥 각질 밑에서 사고 싶어 한다. 그래서 하락이 시작되면 "더 떨어질 거야, 바닥 확인하고 살 거야"라며 매수 버튼을 누르지 못한다.

진짜 바닥은 아무도 모른다. 가상화폐에 대한 악재가 뉴스를 도배하고, 공포감이 시장을 지배하며 가격이 급락할 때가 기회다. 남들이 공포에 질려 도망갈 때, [필승 뼈대 14. 분할의 법칙(진입의 기술)]과 [필승 뼈대 15. 사자의 심장 법칙(수익 극대화 기술)]을 양손에 쥐어라. 꾸준히 DCA(분할 매수)를 진행, 더 낮은 가격에 예약 매수를 걸어두자. 공포 속에서 매수 버튼을 누르는 그 용기가 당신 그릇의 '깊이'를 만든다.

둘째, '지루함'을 삼키면 그릇의 '넓이'가 넓어진다

강세장의 시간은 도파민에 취해 화살처럼 빠르게 지나간다. 하지만 조정장의 시간은 코르티솔(스트레스 호르몬)과 함께 거북이처럼 느리게 흐른다. 하루에도 수십 번씩 시세를 확인하며 "도대체 언제 오르는 거야?", "망한 거 아냐?"라는 생각에 시달린다.

이 지루함은 당신을 괴롭히기 위함이 아니다. 당신의 인내심을 테스트하여 그릇을 넓히는 과정이다. 농부가 씨를 뿌리고 싹이 트길 기다리듯, 투자는 기다림의 미학이다. 지루함을 인내로 승화시켜 묵묵히 수량을 모아가는 태도가 당신 그릇의 '넓이'를 만든다.

비는 반드시 내린다(인내의 보상)

공포를 극복하여 그릇을 깊게 만들고, 지루함을 견뎌내어 그릇을 넓게 만들어라. 그러면 언젠가 '강세장'이라는 거대한 비가 쏟아질 때, 종지 그릇을 든 대중들은 빗물을 다 흘려보내겠지만, 거대한 항아리를 준비한 당신은 쏟아지는 부를 남김없이 담아내게 될 것이다.

기억하라. 지금 당신이 느끼는 공포와 지루함은, 당신을 더 큰 부자로 만들기 위한 '성장통'이다.

투자는 올바른 방식으로 오래 할수록 쉬워진다
(고통 총량의 법칙)

가격만 보는 개미들은 스마트 투자자들에게 이렇게 반문한다. "너네들은 나보다 평단가가 훨씬 낮으니까 버티기가 쉬운 거 아니야? 나는 지금 마이너스라서 힘들다고!"

그러나 평단가가 낮은 사람들은 담대함으로 투자하고 오랫동안 인내하였기 때문에 생긴 결과물이다. 남들이 공포에 떨 때 담대함으로 매수하고, 남들이 지루해할 때 오랫동안 인내하여 얻어 낸 '전리품'이다.

투자의 법칙은 간단하다. 고통을 언제 치르느냐의 차이다.

(1) 잘못된 방식(개미): 쉽고 빠르게 돈을 벌려는 '쾌락'을 먼저 좇는다. 그 대가로 고점에 물리는 '고통'이 이자까지 쳐서 찾아온다.

(2) 올바른 방식(스마트 투자자): 더 내려갈지 모르는 공포와 언제 오를지 모르는 지루함이라는 '고통'을 먼저 감내한다. 그 대가로 강세장에서 큰 수익이라는 '쾌락'이 보상으로 찾아온다.

아주 낮은 평단가에서 빨간색(수익)을 즐기며 여유롭게 분할 매수하는 것과, 강세장 꼭대기에서 파란색(손실)을 보며 떨리는 손으로 물타기 하는 것은 난이도가 하늘과 땅 차이다. 투자는 올바른 방향으로 오래 하면 할수록, 고통은 줄어들고 쾌락(수익)은 늘어난다.

이제 선택은 당신의 몫이다. 평단가 낮은 사람을 운이 좋다며 질투하고 시기하는 '패배자'로 남을 것인가. 아니면 지금의 고통을 즐기며 스마트 투자자의 길을 걷는 '승리자'가 될 것인가.

확정적 게임이 주는 압도적인 안정감(승자의 법칙)

투자의 세계에는 두 가지 게임이 존재한다. 당신이 지금 어떤 게임을 하고 있는지 스스로 점검해 보라.

(1) 비확정적 게임(Gambling): 잃느냐, 버느냐

방법: 선물(Futures) 투자, 고점과 저점을 예측하여 현물로 잦은 트레이딩을 하는 것.

본질: 이것은 홀짝 도박과 같다. 내가 예측한 방향이 틀리면 전 재산을 잃을 수도 있다. 즉, '파산(Ruin)'의 가능성이 항상 열려 있다.

(2) 확정적 게임(Winning): 더 먹느냐, 덜 먹느냐

방법: 오직 현물 투자, 우량 자산 선점, DCA(적립식 매수) 혹은 마이너스 분할 예약 매수. 매도는 시장이 매우 과열일 때만 진행.

본질: 이것은 시간이 내 편인 게임이다. 시장은 우상향하고 가치는 증명된다. 파산의 가능성은 0%에 수렴하며, 오직 '수익의 크기'만 달라질 뿐이다.

필자가 이 책을 통해 제시한 22가지 뼈대는 철저하게 '확정적 게임'을 위한 전략들이다.

강세장에서는 도파민이 분비되어 시간이 화살처럼 빠르게 지나가는 것처럼 느껴진다. 반면, 조정장에서는 지루함과 공포(코르티솔) 때문에 시간이 멈춘 듯 느리게 간다. 이것이 많은 투자자가 조정장을 견디지 못하고 '비확정적 게임(선물, 단타)'으로 빠지는 이유다. 하지만 기억하라. 지루함은 당신이 지금 '확정적 게임'을 잘하고 있다는 증거다.

지루한 감정과 공포감이 느껴진다 하더라도, 내가 지금 '절대 망하지 않는 확정적 게임'을 하고 있음을 명확히 인식한다면, 당신이 해야 할 고민은 단 하나뿐이다.

"두려워하지 마라. 확정적 게임만 한다면 당신의 고민은 '잃을까 봐'가 아니라, '얼마나 더 많이 벌게 될까(더 먹느냐, 덜 먹느냐)'라는 행복한 고민이 될 것이다."

초연함: 결핍을 지우는 마법의 감정(관측의 원리)

성공한 사람들은 끊임없이 '시각화(Visualization)'를 한다. 하지만 그들의 시각화는 일반인과 결정적으로 다른 한 가지가 있다.

바로 '초연함'이다.

대부분의 사람은 시각화를 할 때 흥분하고 들뜬다.
"나는 부자가 될 거야! 제발 빨리 오르길!"
이런 외침의 기저에는 '지금 나에게는 돈이 없다'는 결핍과 불안이 짙게 깔려 있다. 양자역학의 핵심은 '관측'이다. 당신이 '돈이 없어서 불안해하는 자신'을 관측하면, 우주는 그 불안을 현실로 끌어당겨 실패한 미래를 내놓는다.

하지만 성공한 자들의 시각화는 차분하고 초연하다. 그들은 이렇게 선언한다.
"나는 이미 부자다. 내가 상상하는 모습은 미래에 이룰 목표가 아니라, 이미 내 것이 된 현실일 뿐이다."

이렇게 생각하면 뇌는 목표를 '이미 가진 것'으로 착각한다. 불안과 초조함은 증발하고, 오직 목표를 향한 행동에만 몰입할 수 있는 차분한 에너지가 솟아난다. 이것이 바로 초연함의 마법이다.

우리는 앞서 배운 스마트 투자의 기술들을 이 초연함 위에서 실행해야 한다. 원칙을 지키며 기계적으로 매수와 매도를 반복한다면, 우리는 성공한 미래와 마주칠 수밖에 없다.

우량 알트코인의 가치가 증명될 미래는 이미 정해져 있다. 변수
는 단 하나, 그 미래가 도래했을 때 내 손에 '몇 개의 코인'이 들
려 있느냐는 것뿐이다. 불안함과 초조함이 깊어지면 반드시 실
수를 저지르게 된다. 초연함 속에 머물러야만 성공한 미래를 온
전히 내 것으로 만들 수 있다.

그러니 선택하라.
가격이 떨어져도 불안함 대신 초연함을,
가격이 횡보해도 지루함 대신 초연함을,
강세장에서 수익을 거둬도 환호 대신 초연함을.

그 흔들리지 않는 초연함이 지속적인 수련 끝에 당신의 '제2의
천성'으로 자리 잡는 순간, 놀라운 반전이 일어난다. 당신이 부를
쫓는 것이 아니라, 부가 당신을 쫓게 될 것이다.

성공 이후의 공허함을 대비하라(행복의 자격)

우리가 조정장을 사랑해야 하는 또 하나의 이유는, 성공 이후 찾
아올 '공허함'을 미리 예방할 수 있는 유일한 시간이기 때문이다.
투자 멘탈의 대가이자 유튜버 어슴새벽은 무릎에 사서 어깨에

파는 투자에 성공한 후, 뜻밖에도 깊은 공허함을 느꼈다고 고백한다. 이는 많은 자산가가 겪는 공통적인 감정이다. 그토록 원하던 목표를 이루고 나면 도파민은 사라지고 텅 빈 마음만 남기 때문이다. 그는 이렇게 조언한다.

"인간은 원하던 것을 손에 넣어도 결국 공허함과 마주하게 된다. 그렇기에 미리 단련해야 한다. 투자로 돈을 버는 것보다 더 어려운 것은, 지금 이 지루한 하루하루에 감사하고 행복해지는 것이다.

우리는 흔히 삶을 행복과 슬픔, 두 가지로만 구분한다. 그래서 짜릿한 행복이 없는 모든 순간을 '행복하지 않다'고 착각한다. 하지만 진정한 행복은 큰 슬픔이 닥치지 않은 '평범하고 지루한 일상 그 자체'다. 지금 행복해야 나중에 수십억 원을 벌어도 행복할 수 있다. 지금 불행한 사람은 나중에 돈방석에 앉아도 공허할 뿐이다."

지금의 지루한 조정장을 즐기자. 초연한 마음으로 시각화하고, 아무 일도 일어나지 않는 평범한 하루에 감사하자. 평온함 속에서 행복을 찾은 사람만이, 훗날 거대한 부가 찾아왔을 때 그 무게에 짓눌리지 않고 온전히 그 축복을 누릴 수 있다.

미래의 부자가 꼭 지켜야 할 대인관계 원칙(방어의 기술)

부자가 되는 것만큼 중요한 것이 부자의 태도를 갖추는 것이다. 어렵게 모은 자산을 지키고, 불필요한 인간관계의 잡음에서 스스로를 보호하기 위해 다음의 4가지 방패를 반드시 명심하라.

첫째, 자신의 평단가와 자산 규모를 절대 공개하지 마라

"나 이번에 코인으로 얼마 벌었어"라는 말은 득보다 실이 100배는 많다. 가까운 지인의 질투심을 유발해 관계가 틀어지거나, 심각한 경우 범죄의 표적이 될 수도 있다. '찐 부자'들이 왜 자신의 자산을 숨기고 겸손하게 행동하는지 생각해 보라. 진정한 돈 자랑은 '침묵'으로 하는 것이다.

둘째, 섣불리 투자 조언을 하지 마라

아무도 관심 없는 조정장에 "지금 사야 해"라고 말해봤자, 투자 마인드가 없는 초보들은 절대 듣지 않는다. 그들이 움직이는 건 이미 언론이 떠들썩하고 가격이 꼭대기에 있을 때다. 그때 당신의 말을 듣고 들어갔다가 고점에 물리면? 모든 원망과 비난의 화살은 조언을 한 당신에게 꽂힌다.

본인이 돈을 벌었다면 조용히 비싼 밥이나 선물을 사주는 게 낫다. 만약 누군가 집요하게 투자 방법을 묻는다면, 백 마디 말 대신 이 책 한 권을 빌려주거나 선물하며 이렇게 말하라.

"내가 말로 설명하기엔 너무 복잡해. 대신 내 투자 철학이 고스란히 담긴 책을 줄 테니 한번 읽어봐. 8가지 필터로 우량 자산을 고르고, 22가지 투자 뼈대를 세우는 법, 그리고 3가지 시장 상황별로 대응하는 방법이 담겨 있어. 이걸 읽고도 확신이 안 서면 투자는 안 하는 게 맞아." 이것이 가장 깔끔하고 안전하며, 서로를 위한 조언이다.

셋째, 지나친 과시는 결핍의 증명이다

본인의 부를 지나치게 과시한다면 태어날 때부터 풍요로웠던 진짜 부자들은 어떤 생각을 할까? '저 사람은 마음이 가난하구나. 인정 욕구와 결핍이 심하구나.' 스스로 격을 떨어뜨리는 실수를 범하지 말자. 초연함과 여유야말로 세상에서 가장 세련된 과시다.

넷째, 개인 간의 금전 거래는 '거절'이 답이다

부자가 되면 반드시 "급해서 그런데 돈 좀 빌려줘"라고 접근하는 사람들이 생긴다. 이때 명확한 거절 매뉴얼이 필요하다. 그냥 "안 돼"라고 하면 매정한 사람이 되지만, '불가능한 조건'을 걸면 상대방이 알아서 포기한다.

이렇게 말해보라. "나는 원칙상 그냥은 못 빌려줘. 차용증만으로는 나중에 문제 생기면 소송해야 하고 서로 힘들잖아. 법무사 사무실 가서 강제집행이 가능한 '공증'을 서고, 배우자와 직계가족 포함해서 '연대보증인 3명'만 세워줘. 만약 안 갚으면 3명 모두 즉시 압류 들어가는 조건으로. 그러면 빌려줄게."

이 조건은 사실상 빌려주지 않겠다는 뜻이다. 가족 3명에게 연대보증을 세운다는 것은 상대방 입장에서 감히 엄두를 내지 못할 조건일뿐더러, 그 3명이 동시에 개인 회생이나 파산을 할 확률은 극히 낮다.

인간관계에서 돈 문제는 언제나 치료보다는 예방이 최선이다. 채무자가 개인회생을 해버리면 당신은 원금의 15~20%밖에 돌려받지 못한다. 돈을 미리 빼돌리면 민사 소송에서 승소해도 휴지 조각이 된다. 그런 리스크를 애초에 만들지 않는 것이 지혜다.

부의 완성: 기여라는 마지막 퍼즐(그릇의 완성)

우리는 긴 하락과 지루한 조정장을 거치며 부의 그릇을 넓혀왔다. 그리고 마침내 '강세장'이라는 비가 내려 그 그릇을 가득 채웠다. 여러 번의 조정장과 강세장을 거치며 통장에는 상상도 못했던 숫자가 찍혀 있고, 사고 싶은 것과 가고 싶은 곳을 모두 누릴 수 있는 상태. 경제적 자유라는 꿈은 드디어 현실이 되었다. 그때 당신은 비로소 완전한 행복을 느낄까?

역설적이게도 많은 자산가는 그 지점에서 가장 위험한 '공허함'이라는 파도를 만난다. 나만을 위해 쓰는 돈은 금방 질리기 때문이다. 아무리 맛있는 음식도 매일 먹으면 무뎌지고, 최고급 스포츠카도 한 달이면 일상이 된다. 나만을 향한 소비는 '도파민의 굴레'에 갇혀 더 큰 자극만을 갈구하게 만든다.

우리는 성공 이후의 공허함을 대비하기 위해, 큰 슬픔이 없는 평범한 하루에 감사하는 법을 배웠다. 이제 이 공허함을 완전히 지워내고 부를 진정한 '축복'으로 바꾸는 마지막 퍼즐을 맞출 시간이다. 바로 '기여(Contribution)'다.

(1) 나를 위한 부에서 세상을 위한 부로

큰 부가 쌓였을 때, 그 돈이 나라는 개인의 울타리를 넘어 세상을 위해 가치 있게 쓰이기 시작할 때 부는 비로소 '영성(Spirituality)'을 갖게 된다.

진정한 부자는 돈을 단순히 '소유'하는 사람이 아니라, 부라는 에너지가 자신을 통해 세상으로 흘러가게 만드는 '통로' 역할을 하는 사람이다. 내가 번 돈이 누군가의 꿈을 만들고, 아픈 아이를 치료하며, 더 나은 세상을 만드는 마중물이 될 때, 그 부는 사라지지 않는 영원한 가치로 기록된다.

(2) 기여는 부의 그릇을 유지하는 가장 강력한 접착제다

부의 그릇을 키우는 것보다 어려운 것이 그 그릇을 '지키는 것'이다. 탐욕에만 집중하는 부는 주변의 질투와 시기를 부르지만, 나눔을 실천하는 부는 주변의 존경과 보호를 받는다.

기여는 단순히 남을 돕는 행위가 아니다. 나의 성공이 세상의 덕분임을 인정하는 겸손의 표현이며, 그 겸손은 당신이 거만함에 빠져 자산을 탕진하지 않도록 지켜주는 가장 강력한 안전장치가 된다. 세상을 이롭게 하겠다는 목적이 있는 부는 쉽게 무너지지 않는다.

(3) 당신이 곧 부의 증거가 되어라

기여라고 해서 반드시 거창한 기부만을 의미하는 것은 아니다. 당신이 올바른 투자 철학으로 부자가 되어, 주변 사람들에게 '희망의 증거'가 되어주는 것 또한 고귀한 기여다.

절망적인 시장 상황에서도 흔들리지 않고 원칙을 지켜 성공하는 모습, 그리고 그 부를 품격 있게 사용하는 태도 자체가 누군가에게는 인생의 이정표가 될 수 있다. "나도 저 사람처럼 올바른 길을 걸으면 성공할 수 있겠구나"라는 확신을 심어주는 것, 그것이 당신이 세상을 향해 실천할 수 있는 가장 멋진 첫 번째 나눔이다.

기억하라. 돈은 바닷물과 같아서 마실수록 갈증이 나지만, 나눔은 샘물과 같아서 퍼낼수록 더 깨끗하고 풍성하게 채워진다.

조정장의 지루함을 견뎌내고 있는 지금, 당신의 그릇에 채워질 그 부를 어디로 흘려보낼지 미리 설계하라. 나만을 위한 작은 물방울이 아닌, 세상을 품는 거대한 바다를 준비하라.

나누고 흘려보내는 마음으로 부를 다스릴 때, 당신은 비로소 돈의 노예가 아닌 '돈의 주인'으로서 진정한 부의 완성에 도달하게 될 것이다.

XRP ARMY CONFERENCE를 꿈꾸며

머지않은 미래, 4차 산업혁명이 본격화될수록 수많은 사람들의 일자리는 인공지능(AI)으로 대체될 것이다. 세상이 그렇게 변한다는 것은 블록체인의 혈관이자 연료인 '우량 알트코인'의 가치가 지금보다 수천 배 상승했다는 것을 의미한다. 반면 준비하지 못한 대다수의 사람들은 국가가 쥐여주는 기본소득에 의존하는 신빈곤층으로 전락할지도 모른다.

만약 우리가 지금 이 흐름을 올바르게 읽고, 올바른 원칙으로 투자해 경제적 자유를 얻게 된다면, 그때 우리 앞에 남는 진짜 질문은 하나다.
"그 부로 무엇을 할 것인가?"

나는 이 질문이 투자의 마지막 관문이라고 생각한다. 돈을 버는 것 자체가 끝이 되어서는 안 된다. 부는 자유를 주지만, 동시에 방향을 묻는다. 더 많이 소유하는 데서 멈출 것인가, 아니면 더 넓게 기여하는 쪽으로 나아갈 것인가.

디즈니 애니메이션 〈코코(Coco)〉에는 인상적인 메시지가 담겨 있다.
'죽은 지들의 세상에서도 누군가 자신을 기억하고 추모해 주면 계속 존재할 수 있지만, 산 자들의 기억 속에서 완전히 잊히는 순간 영원한 소멸(진정한 죽음)을 맞이한다는 것이다.'
이 장면은 내게 깊은 울림을 주었다. 인간은 결국 얼마나 가졌는가보다, 무엇을 남겼는가로 기억된다는 사실 때문이다.

가치 투자의 선배들 역시 마찬가지다. 벤저민 그레이엄과 앙드레 코스톨라니는 단지 부를 쌓은 사람들이 아니었다. 그들은 투자자들에게 원칙을 남겼고, 시장을 바라보는 시선을 남겼으며, 후배들에게 오래도록 도움이 되는 통찰을 남겼다. 그들이 지금도 기억되는 이유는 많이 벌었기 때문이 아니라, 많은 사람들에게 '기여'했기 때문이다.

'기부'와 '기여'는 닮았으면서도 결이 다르다.

기부(Donation)가 내 물질과 가진 것의 일부를 떼어내어 남을 돕는 1차원적인 행위라면, 기여(Contribution)는 돈과 시간, 재능과 영향력, 나아가 존재 자체로 세상 전체에 가치를 더하는 일이다. 세상과 함께 성장하며, 누군가에게 '희망의 증거'이자 롤모델이 되어 주는 것이다. 내가 확신하는 XRP의 가치를 알아보고 가치 투자의 본질을 전파하는 사람들의 결은 놀랍도록 비슷하다.

매일 아침 업로드되는 유튜브 채널 '타임 레버리지' 영상의 첫 화면에는 이런 문구가 뜬다.
"나는 학습된 지식과 경험으로 타인에게 도움(동기부여)이 되는 사람이 된다. 선한 영향력, 가치 투자, 사이클 투자, 정직, 성실, 겸손."

또한 유튜브 채널 '어슴새벽'의 소개 글에는 이렇게 적혀 있다.
"인생 성공의 비밀은 지루한 클리셰 속에 숨겨져 있습니다. 진짜 삶과 투자 성공에 빠른 길은 없다는 것을 배워나가는 곳입니다."

이렇듯 얕은 수를 쓰지 않고 올바른 방식으로 투자하며 인내한 사람들은 훗날 반드시 엄청난 부를 거머쥘 것이다. 우리는 이 단단한 장기 투자자들을 'XRP ARMY'라 부른다.

나에게는 간절한 꿈이 하나 있다. 훗날 XRP의 가치가 세상에 온전히 증명되어 우리 XRP ARMY가 막강한 선한 영향력을 갖게 되었을 때, 리플(Ripple)사의 후원을 받거나 혹은 XRP ARMY 자체의 모금으로 매년 'XRP ARMY CONFERENCE'를 개최하는 것이다. 1년에 한 번, 전 세계의 XRP ARMY가 모여 단지 가격과 수익을 이야기하는 것이 아니라 우리가 세상에 어떤 방식으로 기여할 수 있을지를 함께 논의하는 자리. 누군가는 교육을 이야기하고, 누군가는 청년과 약자를 위한 기회를 이야기하며, 누군가는 금융 소외 계층을 위한 실질적 지원을 이야기할 것이다.

그날의 질문은 오직 하나일 것이다.
"우리는 이 자유를 어떻게 더 가치 있게 사용할 것인가?"

나는 그것이 진정한 부의 완성이라고 믿는다. 많이 버는 것에서 끝나는 부가 아니라, 많이 남기는 것으로 이어지는 부. 혼자 올라가는 성공이 아니라, 다른 사람에게 길이 되어 주는 성공.
이 책이 단지 수익을 위한 책으로 읽히지 않기를 바란다. 이 책이 누군가에게는 올바른 투자 원칙을 세우는 시작이 되고, 또 누군가에게는 부를 대하는 태도를 다시 생각하게 만드는 계기가 되기를 바란다. 그리고 언젠가 이 책을 읽은 독자가 경제적 자유를 얻은 뒤 또 다른 누군가에게 선한 영향력을 전하는 사람으로 살아가기를 바란다. 결국 우리를 오래 남게 하는 것은 얼마나 많이 가졌는가가 아니다. 얼마나 깊이 기여했는가다.

나는 훗날 더 많은 XRP ARMY가 세상에 '희망의 증거'가 되는 날을 꿈꾼다. 당신의 흔들리지 않는 뚝심이 부를 넘어 세상을 밝히는 거대한 빛이 되기를 바란다. 그리고 머지않은 어느 날, 그 영광스러운 'XRP ARMY CONFERENCE' 현장에서 당신과 기쁘게 악수하며, 이 위대한 여정의 끝이 아닌 새로운 시작을 함께 나눌 수 있기를 진심으로 기도한다.

이후 이어지는 실전 시장 분석과 최신 투자 인사이트는

아래 공간에서 꾸준히 업데이트됩니다.

직접 접속하기: linktr.ee/xrparmy33

XRP ARMY
돈의 엔드게임 마스터 코드 33

초판 1쇄 발행   2026년 3월 27일

지은이   이상호
펴낸이   신민식
펴낸곳   가디언
출판등록   제2010-000113호

주소   서울시 마포구 토정로 222 한국출판콘텐츠센터 419호
전화   02-332-4103
팩스   02-332-4111
이메일   gadian7@naver.com

CD   허남희
마케팅   남유미
디자인   미래출판기획

종이   월드페이퍼(주)
인쇄 제본   (주)상지사

ISBN   979-11-6778-197-0 (03320)